低碳。好行

脫離急速的新陳代謝

　　有多久的時間沒有停下腳步，去留意香港這個城市？相比起其他大城市全是嶄新的建築、新潮的文化，香港擁有的是些默默擠在城市間生存的大自然綠地，這些空間都是天然而生。郊區成為了香港一個獨特的空間，建立出香港獨一無二的城市面貌，這種自然環境在別的城市都無法找到，綠地成為了香港珍貴的土地資源。

　　近年來香港打着「經濟發展」的旗號，讓推土機不斷在城市間碾過。香港愈來愈多舊建築被拆毀，甚至是大自然的土地都被地產商看中，想把香港一一填平。漸漸地香港到處都充斥着大型的商場，一幢又一幢高聳入雲的大廈。相同的面貌令這個城市漸漸失去了個性。曾經熟悉的街道，再重遊已經面目全非；曾經悠然的綠地，亦有機會被填平重建的一天。香港總是緊緊地跟隨着這時代急速的新陳代謝而生長，快速的轉變令這城市失去了歷史的回憶、獨特的空間，香港最終只會成為一個身世朦朧的地方。在香港的大自然都看似有一個限期，保育環境並沒有一個根本的保證。香港如是，世界其他地方也如是。

　　我們為上一輩的香港人將我城由一個小鎮急促發展成為一個文明繁榮之都而感到驕傲。可是作為年輕人，我們固然滿足於富足的生活，然而我們清楚知道，長此下去我們的下一代可能要付出代價。我們大興土木、到處乘飛機旅遊，卻彷彿忘掉了大自然對我們的價值。如果成為「文明」城市，發展的代價就是要把大自然、歷史都蠶食掉，那在未來，城市的人還可以是誰？如果我們成為「富足」的人，獲取快樂的代價就是破壞了自然間的平衡、產生無法逆轉的氣候變化，那我們的下一代，還會活得比我們快樂嗎？

　　城市人，是時候停下來想一想是否任由推土機碾過，把一切綠色的土地，以及背後的歷史都推倒重建？香港的大自然、地球的氣候環境需要你我共同去守護，偶然脫離社會急速的新陳代謝，一同發掘更多香港的土地，好好欣賞、守護香港；讓下一代不會只可以在照片中尋得這自然的土地，而是一同幸福地過活、一同創造更多個關於大自然的回憶。

V'air 低碳本地遊介紹

　　我們是一群正在修讀與自然環境科目相關課程的大學生。我們這年代的年輕人經常乘搭飛機外遊，可是過程中耗費化石燃料產生大量碳排放，導致氣候問題漸趨嚴重。我們希望為地球的環境保育出一分力，故成立了「V'air 低碳本地遊」的環保組織。「V'air」是法文綠色「Vert」的近音字，我們希望將綠色元素融入航空，意指透過環保途徑，介紹一些近似到外國旅遊的低碳本地遊體驗給香港人，發掘香港最美的一面給大家共享。

　　那為什麼本地旅遊能為環保出一分力呢？其實只要少到一次日本旅行已經可以減排 500kg（半噸）碳。假期減少外遊，都可以有助舒緩氣候變化！據香港環境保護署數據顯示，每位香港市民的人均全年碳排放量為 6 噸。另外一個更全面的數據是來自於世界自然基金會香港分會於 2007 年發起的碳足跡計算器，他們在調查中收集來自超過 5,800 位香港居民日常生活的碳足跡，結果發現香港人年均二氧化碳排放為 13.44 噸，多於環境署的數據 2 倍以上，當中排放超過 50% 源於飛機旅行。

　　這個令人震驚的研究結果吸引了我們的注意力，引發我們去尋找可能會改變現行趨勢的解決方案。於是，V'air 的構思便於 2015 年 COP21 巴黎氣候變化大會前夕中誕生。面對迫在眉睫的氣候危機，作為年青人的我們未必能為世界帶來很大的改變，但儘管如此，我們仍希望香港在面對氣候變化這國際性的議題上能採取更積極的角色。在這個問題上，我們的團隊便開展了初級和次級研究，得出香港人乘坐飛機旅行的趨勢。大部份資料證實，香港市民酷愛快閃短線遊，前往東南亞國家；而旅行的原因，大多是因為在香港的活動過於單一，只有購物、看電影等，因而於假期只好到外地旅行，透過到一個陌生的城市，尋找新鮮感和滿足感。

　　有見及此，我們認為一個可持續的旅遊模式對於抗緩氣候變化十分重要。雖然香港是彈丸之地，但我們擁有豐富的旅遊資源，更有很多具探索價值的地方等待我們發掘，這些地方往往超出我們的想像。V'air 小小的目標，是希望香港風景名勝更廣為人知；以吸引更多本地人於空閒的時候留在香港旅行，盡量減低香港人因乘搭飛機而產生的碳足印。

Chapter 1　無痕山林

Chapter 2 城市綠洲

Chapter 3 文化歷史

認識低碳遊玩

乘飛機會破壞環境？

近年香港人掀起了一陣出外短線旅遊的熱潮，在廉價航空普及化下，很多年輕人或一家大小都會趁週末乘飛機到鄰近國家逛逛，在忙碌中放鬆一下。根據政府 2015 年的數據，本港居民的離港人次達 8,910 萬，平均每人離港 12.4 次，反映出香港人在假期熱愛旅遊的心態。然而，乘飛機到外地短線旅遊雖然十分便宜和方便，但大多數人卻不知道乘坐飛機對環境有着十分大的禍害。航班運作時燃燒燃料會產生大量廢氣，當中包括二氧化碳等溫室氣體。長遠而言，大量的溫室氣體排放會加劇全球氣候化，地球愈來愈熱，災害更為頻繁，你和我、還有我們的下一代都會受到影響。按照政府統計，香港每年人均在境內活動的碳排放約 7 噸，可是如果把飛機產生的碳排放也計算在內，便遠遠超過這個數字。外出旅遊固然可以增廣見聞，減輕平日的工作壓力，但所衍生出的環境問題，我們卻不能忽視。

為什麼本地遊更環保？

很多香港人都抱怨香港是一個沉悶的都市，千篇一律的商場，無盡頭的石屎森林，教人感到厭倦。可是認真一想，香港真的就只有這些嗎？只要用心去發掘一下，其實我們的城市也有很多很有趣、很美麗，或是很有文化價值的景點，有的真能媲美其他國家的必到自然景點；而更重要的是，香港麻雀雖小五臟俱全，前往這些隱世景點都不需要像在外地一樣往往要長途跋涉，十分方便。下次計劃怎樣渡過長週末的時候，在構思到什麼國家遊玩前不妨先考慮一下拿着這本書來一個悠閒的本地遊，好好探索一下香港鮮為人知的一面，可能會讓你有意想不到的收穫呢！但可以肯定的是，如果我們每人都少坐一次飛機，多遊一趟本地，便可以減少碳排放，既為環保出一分力，亦同時讓香港珍貴的另一面得以被人發掘、得以傳承。

旅遊要怎樣才算低碳？

其實，「本地遊」這個概念對部份香港人來説已不是什麼新鮮事了。近兩、三年有不少網絡媒體興起，介紹不同的遊覽熱點，吸引年輕人探個究竟；可是有的介紹文章只以風景美麗作賣點，市民在缺乏對當地環境認識下一窩蜂地拜訪，結果反而影響了當地的自然環境。其實要真正地實行環保本地遊，我們可以不只是為了影靚相；如果可以深入地認識當地的故事、歷史和環境的話，我們就不是利用景點的環境換取旅遊的快樂，而是和每一個地方建立關係。本地遊的時候，我們可以實行「無痕」的概念：即是不留垃圾，不破壞當地固有的環境；這樣我們便可以守護這些可能微不足道但卻珍貴的旅遊資源，讓下一代繼續享用，也讓文化歷史得以持續。

翻開這本書跟着我們一起發掘香港，一起成為低碳環保旅人吧！

日常生活也可以環保嗎？

上文提及「碳排放」的概念，其實除了乘飛機之外，我們很多日常的活動都會產生碳排放。由於大部份發電廠在發電過程均會產生廢氣，因此我們家居中用電的活動，例如開冷氣、電熱水爐，都會產生碳排放。此外，和飛機一樣，使用汽車、巴士等交通工具均會產生碳排放（可是飛機的碳排放遠高於其他交通工具）。除了日常活動，我們的消費也是碳排放的源頭之一。雖然購物過程我們不會直接生產溫室氣體，可是加工或外來食物、日用品、玩具和衣服等消費品在生產和運輸的過程都會排放廢氣。

每人把自己一年裏各種活動產生的碳排放總加，可以稱之為「人均碳足印（Carbon Footprint）」。要使碳足印變少，我們可以從生活細節着手，身體力行保護環境。以下 V' air 列出幾個小貼士供大家參考：

- 多吃素少吃肉——畜牧的飼養和運輸過程製造大量碳排放。
- 乘坐公共交通工具——一輛巴士和鐵路的碳排放比私家車略高，但載客量是百倍。
- 購物前要三思——避免不必要的浪費。
- 減少用電——養成好習慣，如房間無人時關掉電燈和電器。
- 避免使用即棄餐具——避免使用不可分解的一次性餐具，如膠飲管等；以免造成污染。
- 循環再用——減少廢物產生之餘，亦減少購買新產品背後的碳排放。

Chapter 1

無痕山林

香港這片彈丸之地，面積僅一千多平方公里。大家常以為香港只有密集高樓大廈，但原來這個國際金融中心有四分之三的土地屬郊區，當中超過一半更是郊野公園、濕地和其他高生態價值的保育區。在此篇章裏，我們搜羅了香港多條風光明媚的山徑，讓大家可以探索香港自然的一面；篇章亦加入多項減碳提示，使大家登山遠足時也不忘保護環境。

近年，行山在香港成了潮流，大批遊人湧到山上拍照打卡，對自然環境造成傷害。源於美國的「無痕山林」概念提醒人們外出郊遊時應減低對自然的影響，在野外不留下任何痕跡，猶如沒有去過一樣。我們享受郊野同時，亦可以學懂尊重自然，讓這些瑰寶得以生生不息。

勇闖雞公嶺・飽覽新界景色

雞公嶺位於新界西北，屬於林村郊野公園範圍內，兩邊主要上山入口位於元朗和粉嶺，這山有主副兩峰，最高點為 585 米。副峰面向西北，是觀賞日落的好地方。而登上主峰後則能盡瞰錦田、上水、元朗、米埔和新田平原，還可以欣賞田野和魚塘等美景，景色跟其他香港近年的熱門行山徑非常不同，別樹一格。

登山享受魚塘田園景色

登雞公嶺一般都是由逢吉鄉入，粉錦公路出。要到逢吉鄉起點可以先在元朗鳳翔路小巴站乘搭 603 小巴，到逢吉鄉後在籃球場旁下車，然後靠左邊的車路直走兩分鐘，直至看到電塔就是上山的地方了。不過入口有點隱蔽，若擔心找不到可以先提醒小巴司機在登山口附近停車。登山初段一直都是沿木級而上，部份木級四周的泥已被沖走而木級本身亦十分窄，故行走時要特別小心，避免跌倒。部份路段會發現一些電單車的痕跡，若發現

木級太難走，亦可以嘗試沿電單車路上山。上山約一小時，就會到達拍攝日落的熱門景點，此處就像一個天然觀景台一樣景觀開揚，能眺望整個錦田、元朗及南生圍的魚塘，附近還有一些小樹和大石可供取景拍攝。經過電視訊號轉播站之後再走一段路，便會到達雞公嶺的副峰——雞公山。因為上山的路段受太陽直曬，沒有任何樹木遮擋，若想歇息一會可以選擇訊號轉播站附近的平地停下來。

休息過後沿山脊往主峰前進，此段是上山最斜的部份。再走過幾個山坡，就會看見主峰的標柱，可是要到達最高點則要再續走一會。站在雞公嶺之巔，深圳、蛇口及沙頭角等地皆映入眼簾；而在山頂向另一方向遠眺，則可飽覽整個八鄉及錦田的景色。

1_ 副峰景色十分開揚。

2_ 不少攝影愛好者會以副峰前的這棵樹當題材拍攝。

3_ 雞公嶺上也能看到醉人的日落景色。

4_ 雞公嶺不算擁擠，可以隨意與三五知己停下來拍照和欣賞景色。

5_ 上這座山最好自備行山杖以策安全。

6_ 若想下斜坡觀賞更開揚的景色，必須注意安全。

7_ 天陰下的雞公嶺。

接着就是最富挑戰性的下山路段，因為十分斜的關係，下山要步步為營，為保障安全，下山時需手腳並用，保持側身下山，並以附近的石頭借力。經驗尚淺或畏高的朋友亦可選擇沿路折返。繼續直走下山的話，到達山腳以後沿車路走就可以找到巴士站離開。

山火對環境的破壞深遠

上山的時候不難發現電視訊號轉播站附近有一大片受山火破壞後寸草不生的山坡，此處可以看見燒成黑炭的植物、燒焦的蜂巢和面目全非的垃圾，可知山火的破壞力何其驚人。要知道山火不單會奪去性命及影響景觀，它更嚴重妨礙生態發展。因為山火會燒毀樹木和灌木幼苗，讓樹木無法繁殖，加速表土侵蝕和風化。重要的是，樹林和灌木林遭大火焚毀後，原居動物會失去棲身之地，對整個生態系統都會帶來負面影響。部份山火其實是人為疏忽所致，當中很大部份是源自山邊的墓地。故孝子賢孫登山掃墓時，必須要留神並在離開時確保火已經熄滅，避免對自然生態造成不必要的損害。其他遠足者在山上露營生火時亦應對此提高警覺，避免留下火種。

交通資訊
於元朗鳳翔路小巴站乘搭 603 小巴至逢吉鄉籃球場旁下車，回程上車的地點在山腳沿車路走即可到達。

注意事項
因為沿路沒有任何樹可作遮蔽，上山前要做好防曬措施以免中暑。建議在天色變暗前就要開始準備下山，以免發生危險。

低碳
路線
地圖

https://goo.gl/DPgche

低碳路線資訊
天水圍 → 流浮山 → 下白泥（原路折返）
約 3-4 小時

單車遊下白泥

計計碳排放

以 33 號小巴線為例，元朗泰豐街往總站下白泥的車程約 14 公里，每個乘客約排放 840 克碳，來回兩程共排放達 1.6 公斤碳。

帶都是蠔田，沙橋村的村民更會與深圳的沙井村民合作養蠔。這一帶的養蠔業可追溯到北宋時期，但如今，隨着村民遷徙、珠江三角洲水質污染日趨嚴重，養蠔業已漸漸式微。今天的流浮山仍有很多海鮮酒家，人均消費動輒也要過百塊。不過大家也可以來到這裏的海鮮大街買蝦膏、蠔油，或者嚐嚐這裏特別有名的生曬金蠔。

每次前往全港最壯觀的「賞日落勝地」下白泥都是搭乘小巴？不如這次玩玩新意思，由天水圍踩單車去下白泥吧！既可以節省乘坐汽車的碳排放，亦可做做運動。這條路線來回約 3 至 4 小時，不但會經過全港最近海邊的馬路，還會經過以養蠔業聞名的流浮山，一嚐這裏的海鮮。

流浮山

流浮山以養蠔業聞名，皆因流浮山位於鹹淡水交界，利於蠔的生長。昔日沙橋村、流浮山以至白泥一

2

1

3

日落勝地——下白泥

看到流浮山牌坊後左轉，沿着深灣路和稔灣路直踩，便到達下白泥。這裏沿岸都是泥灘，還有同屬下村鄉的下白泥村和上白泥村。由於下白泥的日落堪稱全港最美麗，即使位處偏僻，仍有不少人千山萬水來這裏一睹這裏落霞的風采。稔灣路是全港最貼近海邊的馬路，在這裏可享受吹着海風踩單車，還會經過深圳灣大橋的橋底呢。由流浮山踩去下白泥的路較斜，最好量力而為，踩不到的話可以推車上去。

下白泥除了是賞日落的好地方，還可以看到紅樹林、招潮蟹、彈塗魚等，更是全球瀕危的黑臉琵鷺所棲息的生境，具極高的生態價值。鷺鳥容易受嘈音干擾，因此除了別亂拋垃圾破壞環境外，遊覽時切記降低聲浪，保存和享受自然的寧靜。

1_ 經過流浮山牌坊後繼續轉右，沿着深灣路直踩，最後經過稔灣路到達下白泥。
2_ 沿路可以遠眺深圳蛇口。
3_ 下白泥的日落。
4_ 下白泥村附近有很多荒廢魚塘。
5_ 這裏有兩個釣魚場，最適合一家大小過來。
6_ 附近有不少果園。

生態知多點

一般人經常把「海草」與「海藻」混淆。就如陸地上的草，海草有根、莖、葉，能完全適應海水環境，並在海裏傳播花粉、發芽。本港的海草包括川蔓藻和喜鹽草等。像下白泥這些位於潮間帶的泥灘，十分適合海草生長。海草不但可以穩定海岸線，也是食物鏈的開端，為多種海洋生物提供養份，建構複雜的生態系統。它在維持海岸環境的碳循環更是扮演舉足輕重的一員。

下白泥的鄉村之美

沿着稔灣路走，還會見到不少農場和魚塘，充滿鄉村風味。綠油油有機農場內還有燒烤場，真的是一家大小的假日好去處。這裏山靈水秀，遠離市區的煩囂；沿路甚至會看到農場裏的山羊，若幸運遇上放羊時間，可以一試被羊群包圍的感覺。

碩果僅存　革命遺跡

下白泥村公所附近還可以看到一級歷史建築物——雙層青磚碉堡。碉堡建於 1910 年，由孫中山友人兼興中會中堅份子鄧蔭南所建。廣州新軍之役事敗後，革命義士曾藏身於此，避開清軍的緝捕，並於碉堡上層瞭望防守，伺機再次起義。他又在鄰近的浪濯村建稻米磨坊和煉糖廠，以作掩護。可惜大廠早已被拆卸，而這個碉堡是香港剩下唯一有確實證據證明與孫中山革命運動有直接關係的建築物。

碉堡樓高兩層，天台和一樓之間有個小閣樓，天台建有伸出的梯間結構。碉堡設有錐形凹入式窗口，令建築物從裏面外望的視野更廣闊，以達到防禦目的。從碉堡望出去，可以看到后海灣和深圳，監視后海灣對岸屬清廷管轄的地方。萬一下白泥基地有被搜查的危險，革命人士可迅速逃往其他基地。碉堡外牆上下各處均有槍眼。內部房間設計簡單，以砂漿鋪地。今天的碉堡外有展示設施，介紹該古蹟的歷史。

隱世士多

行完山，太肚餓？可以在下白泥村村公所附近的士多稍作休息，嘆一碗山水豆腐花。還有鹵水雞翼、串燒、各款冰凍飲品……士多由附近的村民經營，村民常常坐在士多，閒話家常，坐在這裏小休，真的能感受到滿滿的人情味。在這裏買小食可以幫助原區消費，帶動小社區的經濟；自己行山取樂之餘，順道幫補村民生計，達到互惠共贏的可持續發展模式，何樂而不為？

鴨仔坑士多

大家也可以來到位於下白泥沙灘附近的鴨仔坑士多，那裏有木屋的裝修佈置，甚具田園味道。士多設有露天以及室內茶座，亦有飲品及小食供應。室內有個房間擺放了

白泥日落的照片，供大家欣賞，就像小型的攝影展一樣。來到這裏，可以嘆杯茶，靜靜地享受鄉村生活的寧靜。這裏不時舉辦市集，還可以預約這裏的場地舉行派對。

假如大家想過一個遠離繁囂的短假，下白泥醉人的日落配上寧靜的鄉村，絕對能讓大家拋開煩惱好好充電，以迎接更多的挑戰。

7_ 雙層青磚碉堡。
8_ 綠油油有機蔬果田園。
9_ 幸運的話，可能在接近黃昏時份遇上村民放羊。
10_ 村公所附近的鄭勝記士多，村公所旁還有公廁。
11_ 下白泥沙灘附近的鴨仔坑 Café。
12_ 下白泥村村公所。

交通資訊

於天水圍西鐵站轉乘輕鐵 705 到達天慈站，並在天慈商場地下的雄記單車堡租單車，沿着天水圍河騎車經過天華路便可到達流浮山。

① 注意事項

深灣路甚多路段坡度較大，請量力而為，可推車前進。稔灣路一帶有野狗，避免和牠們有眼神接觸。

探索香港最南極・蒲台島

說到離島，你會想起什麼呢？是景點豐富多樣的大嶼山，充滿中西情調的南丫島，還是安靜古樸的坪洲？這次要介紹的小島名氣不及以上的地方，但景色絕對不遜。蒲台島位於香港最南端，這裏怪石嶙峋、海天一色、遠離繁囂，只消半個小時的船程，就可以逃離喧鬧的城市，到達此安靜純樸的世外桃園。

享受小島寧靜風光

小島之所以寧靜是因為遊客不多，因此交通相對上也比較不便。大家可以從香港仔碼頭或赤柱碼頭乘坐渡輪前往蒲台島，不過每星期只有四天有船前往此島，

班次亦較稀疏，所以去前就要做足功課了。

碼頭下船後會先看見一些小食檔，這裏售賣海產及各種傳統小食，再往前走就可以看到一塊寫有主要景點方向的大石。蒲台島主要的景點有僧人石、靈龜石、佛手岩和 126 燈塔等，想要到這些景點打卡的朋友，步出碼頭後就先往右轉吧。沿着郊野徑走，左邊盡是山和大石，右邊則是一望無際的海，對於長期生活在迫狹的城市的都市人來說，看見如此遼闊的大海，心裏就會有一種無法言喻的感動。郊野徑前段是一條朱砂色的天橋，翠綠的山配上湛藍的海十分適合拍攝，拍出來的照片看起來顏色豐富配搭適宜，倘若剛好碰巧橋上沒有人，還可以好好利用這背景拍攝各式各樣的照片放上社交平台呢！

看山看海　看星軌銀河

　　沿路的風景十分漂亮，隨便拍都可以做成名信片。只要一直沿路走，就可以看見遠方的燈塔了。大家走的時候可能會留意到旁邊有些人在右邊的平原露營，只因蒲台島是一個露營勝地。因為遠離市區的關係，此島較少光害，如果好運碰上萬里無雲的晚上，除可感受到壯觀的星空外，更會發現拍攝星軌、銀河絕不是一件異想天開的事。觀星以外，蒲台島的日出、日落亦十分動人，倘若有時間，不妨花上兩日一夜在這小島一次過飽覽這些景色。享受免費的大自然美景，最重要是做個負責任的旅人，切忌留下火種和垃圾。

1_ 在蒲台島上，看到的就只有海跟山。
2_ 眼前盡是一望無際的海。
3_ 這條朱砂色天橋十分適合拍照。
4_ 燈塔既是拍照也是休息的好地方。
5_ 沿路可以看見不少人在這裏露營。

　　白色燈塔（126 燈塔）的位置就是大家觀賞日出的地方，平常探訪此地時，這也是一個休息的好地方。大家可以坐在這裏的階梯上小歇一會，一邊享受着輕拂的海風，一邊吃一頓自備的簡單午餐；時間充裕的話，更可以及早準備野餐用具，在燈塔一旁的草地野餐，一邊欣賞美景，一邊聽海浪聲，一邊與三五知己閒話家常，在此世外桃園拋開日常生活中的煩惱，享受一個簡單恬靜的下午。跳出平日的框框，把遊蒲台島當作是一個週末小旅行也是一個好選擇。

小島的各種奇形怪石

離開白色燈塔以後，沿路可以看到各式各樣的怪石，有烏龜石和僧人石等，不過這些石頭的模樣「遠近高低各不同」，想要看到石頭特別的模樣又或拍攝到理想的照片，就要在不同的角度試試看了。只要有耐性尋找合適的角度，再配合一點點的想像力，相信大家都不難發現這些石頭確實與它們的名稱相似。

此時可以繼續選擇往山上走或是到海邊玩玩水降降溫。不過注意走近海邊的路要跨過數塊大石，一路上要小心以免滑倒。從圖中可見這邊的水清澈透底，辛苦下來都是值得的。若選擇上山，沿路走就會看到一個觀日亭，這裏就是蒲台島最高的地方了。經過一段平緩的山路後是一片長石排，不過這段長石排並不易走，須要手腳並用才能通過。順利爬過以後就可以看到此島另一塊有趣的大石——棺材石，還

6_ 活靈活現的烏龜石。
7_ 豎立在岸邊的僧人石。
8_ 想要水一直保持如此清澈，我們都要記得把垃圾帶走。
9_ 我們都有責任守護這美麗的地方。

有其他似麵包、拳頭、蟹鉗等的石頭，酷愛觀看奇形怪石的你必定會看得不亦樂乎。

然後就開始下山了！下山的路會經過巫氏古宅和蒲台學校，膽量夠而熱愛探險的朋友可以順道參觀這些荒廢的建築，說不定可以拍一輯以廢墟為主題的照片呢！下山後一直往左走就是碼頭，因為船班次十分少，若不想滯留於這荒島之上，絕對絕對要查清楚從蒲台島開出的船班啊！

8

生態小知識

去年蒲台島被世界自然基金會（WWF）評為垃圾黑點，除了沙灘的垃圾量驚人以外，漁民亦常打撈到不少垃圾；而這些垃圾大多屬即棄塑膠產品，很明顯是人類破壞大自然的痕跡。

這報道帶出了一個很簡單的訊息，就是到訪小島的遊客要注意把垃圾帶離島嶼，更重要的是要做好分類回收的工作。事實上，蒲台島上的垃圾桶不多，更遑論要找到垃圾分類回收桶，每到週末，不消一個上午碼頭旁的垃圾桶便堆積如山。把垃圾帶走做回收其實是非常基本的事，而這帶領我們更進一步思考的是如何減少使用棄塑膠產品這問題。

既然討論實行「生產者責任制」需時，我們又可以做些什麼呢？其實很簡單，就是從我們常說到的「源頭減廢」做起。這裏的意思不是要大家不喝水，就只是單純的養成自備水壺外出的習慣而已。事實上外面很多餐廳都願意免費為客人裝水，假如人家願意多問一句，用餐時順便請店主幫忙把自己的水壺裝滿，為環保出一分力，相信他們都是非常樂意的。一開始大家難免會感到難為情，但試想想此舉不單能減少垃圾，更能省起買水的錢，又何樂而不為呢？

9

🚌 交通資訊

星期二、星期四	香港仔往蒲台島	蒲台島往香港仔
	10:00	14:00
星期六	香港仔往蒲台島	蒲台島往香港仔
	10:00	14:00（經赤柱）
	15:00	16:00（經赤柱）
	赤柱往蒲台島	蒲台島往赤柱
	13:20	12:40
星期日及公眾假期（經赤柱）	香港仔往蒲台島	蒲台島往香港仔
	08:15	18:00（經赤柱）
	赤柱往蒲台島	蒲台島往赤柱
	10:00	09:15
	11:30	10:45
	15:30	15:00
	17:00	16:30
收費	單程 $20；來回 $40	

ⓘ 注意事項

· 因為沿路沒有任何樹可作遮蔽，上山前要做好防曬措施以免中暑。建議在天色變暗前就要開始準備下山，以免發生危險。
· 蒲台島只在碼頭附近有售賣飲料和食物，建議遊客可在上船前先購買適當份量有關物品，以備不時之需。

茅坪古道・歷史遺物

茅坪古道位處西貢，是一條連接馬鞍山與沙田大水坑的主要步行道路。因此，古道沿途曾經十分繁榮，有不少村落；由於地形優勢，古道在抗日戰爭期間更成為游擊隊的據點，具濃厚的歷史價值。除了見證茅坪的興衰，旅途中更可一睹自然溪流、原生林地和香港碩果僅存的風水林。

路程簡介

這次行程的起點為西貢菠蘿輋。沿着菠蘿輋平坦的路段往前走，直至抵達大水井村，然後沿着

茅坪古道上山，途經伯公廟前往茅坪坳，即聯達五鄉公立學校舊址。中段跨過小溪續行至茅坪舊村落。最後隨着梅子林路下山，終點為沙田富安花園。

飄雪迎賓

從菠蘿輋起行，兩旁村屋排列工整，莊重地迎接遊人。從低處仰視大金鐘山脈，可以欣賞群峰連綿起伏之美態。依山而行十多分鐘，便會看見首面路牌「北港坳路」豎立在行人道上。路牌旁長了一棵樹幹粗壯的山指甲，為香港原生落葉灌木或喬木。每逢春季，山指甲樹頂長滿一團團白花，仿如小雪球。清風吹落花瓣，更營造出飄雪的效果。白花芳香撲鼻，站於遠處已能嗅到陣陣清香。山指甲的果實經處理後可釀酒，但誤食可致命，大家切忌胡亂食用野生果實。而葉片則可製作藥液，用以消毒皮膚、去腐生肌。

繼續往前走約 5 分鐘，便到達一幢破落的石屋——這裏正是遠足路段的開端。小屋暗灰色的石牆上畫有一個箭頭，指向右方的登山徑。從屋子剝落的牆身可見村落荒廢許久，除週末登山客慕名而來外，茅坪一帶人跡罕至。

1_ 北港坳路和旁邊白花盛放的山指甲美不勝收。
2_ 石屋上的箭頭指向登山徑的開端。
3_ 枯草和樹枝在迷霧下顯得像「魔法森林」。
4_ 就地取材以石塊疊成的天然山徑。
5_ 村民早期種下的富貴竹。

低碳知多點

天然山徑比石屎鋪設的山徑更為低碳。石屎（混凝土的俗稱）主要原材料是水泥，而水泥製作行業是碳排放量最高的兩大工業之一，佔全球整體人造碳排放的 5%。製作 1 噸水泥的二氧化碳排放量接近 1 噸二氧化碳。除了碳排放外，石屎山徑對生態和人體健康都有害處。若大家有志減碳，可留意「郊遊徑石屎化關注小組」的活動，用行動向政府表達訴求。

天然山徑

起首的路段以石級為主，通往碎石堆砌成的路段，路段旁偶爾有小片竹林。天然的石塊疊合成為凹凸不平的崎嶇山路，石隙間青苔和野草叢生，使整段石路顯得斑斑駁駁。走這段路時必須份外留神，以防摔倒，尤其雨後石路會更濕滑。一些大石露出尖角，難以立足於上，有時可能需要手腳兼用，借一下臂力攀爬到更高處。

經歷一番密集的體力勞動後，終於抵達廣闊的泥地。大家可在此片平地上稍作歇息，舒緩爬山攀石後的緊張心情。迷霧籠罩着枯草和樹木，漆黑的樹木剪影讓人聯想到歐洲童話故事中的「魔法森林」。

補充體力後繼續往前邁進，會發現山徑兩側種滿密密麻麻的富貴竹。竹子常被譽為正直的君子寧折不彎、挺拔清秀，正如鄭燮《題竹石》一句「咬定青山不放鬆，立根原在破巖中」，盡顯竹子高尚的節氣和堅韌。原來茅坪村民初期以種禾和斬柴維持生計，後來改為種植富貴竹，組成路段旁的竹林。穿梭竹林後，雄壯的樹木籠罩着山徑，枝椏交織成漆黑的巷子，盡頭滲透一束光線，通往空曠的黃土。大家不妨緩步走接下來平坦的黃泥路，欣賞沿途優美的景色，順道補充體力。

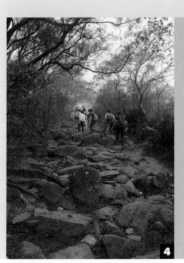

生態知多點

茅坪屬馬鞍山郊野公園的範圍，成熟的樹林長滿豐碩的植物品種，於 1979 年被列作「具特殊科學價值地點」。在茅坪可以找到香港原生稀有物種——紅皮糙果茶和福氏臭椿的群落，傷害、採集和售賣這些受保護植物都是違法行為。

小橋流水人家

　　走過鬆散的泥土，下一段路就是整齊排列的扁平石階。經過短短的上坡路，便開始循石階下坡，末端有一條川流不息的自然溪流。豐沛的水源有利耕作，吸引了第一批民眾到茅坪聚居。跨過溪上的石橋，續往前走5分鐘，便看到一塊刻有「茅坪」二字的石頭。石旁的磚頭圍成方形，這些都是茅坪古村內倒塌了的房屋的地基。再往前走，便到達一所朱紅色的劉氏祠堂；深紅色瓦頂的祠堂門前懸掛一副對聯，寫着「彭城世澤祿閣家聲」。上聯指漢高祖劉邦，下聯則指漢代著名文學家劉向，可見劉氏與漢代歷史息息相關。

神秘密碼 歷史攸關

　　經過祠堂後，留意地面刻着一個特別的編碼「1957KAAAD07」，這個神秘的編碼是什麼呢？KAAA

是嘉道理農業輔助會的簡稱，該會於1950至1970年間資助香港多處的村落興建道路、水井及其他農業設施輔助村民發展農業，改善他們艱苦的生活。茅坪村落也是其中受助一員，當地的資助項目始於1957年。可惜其地理位置偏僻，欠缺交通工具連接市區，村民很少到外進行交流或買賣，古村發展始終沒有起色。最後，村民逐一遷出，茅坪難逃荒廢的命運。其中，三村村民遷往西貢大水井建立新村。所以，大家在西貢可找尋到茅坪的根源。

10

11

12

茅坪古村 歲月洗禮

　　沿着石板路繼續走 10 分鐘，左邊出現一道狹窄的小徑，沿着小路拐上山便會通往面積細小的平地。這裏建了兩所房子，外表較之前經過的房子簇新，損毀不太嚴重。四面水泥牆壁尚算完整，只是有些攀藤植物和霉菌依附着。用作通風的窗戶玻璃碎裂了，剩下生銹的鐵枝。從外觀看屋子的結構，可見樓高兩層。不過，二樓的木地板和屋頂已經倒塌，站在屋內底層抬頭，直接就看到天空。

　　探索茅坪古村後，大家可循梅子林路下山。梅子林村的風水林生長了多達 72 種原生樹木，為全港之首。梅子林路途經石澗，流水淙淙，洗滌心靈。石澗旁的樹木枝幹扭曲、形態獨特，有如寓言故事中的「生命樹」。再走幾步便到達一個人工小水塘。有別於天然溪流，水塘的水面平靜如鏡，投影着四周的樹木。路面愈趨平整，一步一步回歸石屎森林。從山峰走往山腳主要是平坦的水泥路，之後通往馬路。路上不時有車輛駛過，大家務必注意安全。最後，沿紅綠色的橋樑橫跨人工河流，走到沙田亞公角街的富安花園。茅坪歷史之旅就此結束，大家可於富安花園巴士總站或大水坑港鐵站乘車離開。

6_ 看到刻有「茅坪」石塊就知道走進茅坪古村的範圍了。
7_ 地面上發現神秘密碼究竟是什麼意思呢？
8_ 紅色為主的劉氏祠堂十分矚目。
9_ 水源充足的自然溪流有利耕作。
10_ 茅坪古村的遺址四面牆壁仍未倒塌。
11_ 梅子林路的石澗和生命樹。
12_ 水塘的水平靜如鏡反射周圍的樹木。
13_ 回歸平坦的水泥路代表行程接近尾聲。

🚌 交通資訊
從鑽石山站乘坐 1A、1S 專線小巴或 92、96R 巴士前往西貢碼頭在沿途的菠蘿輋站下車。

ⓘ 注意事項
石頭上的青苔濕滑，容易摔倒，宜穿着底部有坑紋的鞋子。

13

低碳
路線
地圖

https://goo.gl/ykemLF

低碳路線資訊
第一日：北潭涌 → 萬宜水庫東壩 → 浪茄 → 西灣
約 4.5 小時
第二日：西灣 → 四疊潭 → 鹹田 大浪坳 → 赤徑 → 北潭凹
約 3 小時

大浪西灣・尋找星空的故事

香港被喻為東方之珠，作為不夜城的代價就是光污染。要在香港看到星空絕不容易，不過本篇介紹的景點，不用搭飛機都可以看到滿天星。這是一個兩日一夜的行程介紹，而且要揹着露營的裝備行山，對體力有一定的要求，不過辛苦絕對值得，因為換來的是壯麗的星空。

萬宜水庫東壩

從北潭涌站下車，沿大網仔路

走。麥理浩徑第一段由大網仔路和北潭路交界開始至萬宜水庫東壩為終點。除了初段的長命斜外，麥理浩徑一段大多是平路。在萬宜水庫東壩上迎着海風觀賞開闊的景色，面向海的一面可以看見世界級的自然景觀——破邊州和堤壩旁的六角柱石群，破邊州的石柱高聳，堤壩旁的石柱受地殼運動影響，則是彎彎曲曲的，各有特色。

東壩的另一面是萬宜水庫，昔日是官門水道。官門水道作為海上絲路的一部份，想必曾有不少商船經過此地。不過為了應付食水需求，政府於七十年代興建了萬宜水庫，村落的遺跡都被淹沒。東壩的盡頭是麥理浩徑第二段的起點，翻過山到達平路，浪茄灣壯麗的景觀在等着你。沿着山腰走，可以由遠到近地欣賞浪茄灣的美。過了浪茄灣之後一路沿着石級上山，這段路並沒有什麼平路，只在中段有一個涼亭供休息。休息過後又是漫長的石級路，到達西灣山山頂後又可以看到瑰麗的景色，左面可以見到萬宜水庫，右邊可以看到包括西灣、鹹田灣、大灣和大浪灣的東灣，這個碧海藍天的景象實在令人為之讚嘆。從這裏開始便是下山的路程了。

吹筒凹十字路口

　　走到十字路口就看見往西灣的路牌，這段路的開頭下坡非常急速，不消一會便到了西灣村。西灣村的歷史可以追溯至明朝成化年間，距今接近600年歷史。西灣在古時是漁船避風的地方，不過時至今日西灣村漁業早已衰落，只剩下幾間村屋和士多。跟着村中的指示牌往西灣營地，這裏是熱門的營地，建議早點到達爭取有利位置。

大浪西灣：港版馬爾代夫

　　大浪西灣位於西貢東郊野公園，這裏的風景十分優美。大浪西灣被群山包圍，遠處可以眺望到以蚺蛇尖為首的山巒，近處是長長的沙灘，沙灘水清沙幼。難怪大浪西灣被喻為港版馬爾代夫！

　　到了夜晚，景色又有所不同，滿佈繁星的天幕映入眼簾。因為筆者去的時候是十一月，所以只是隱約地看到銀河的尾巴，如果想見到整條銀河就要等二月到六月再來了。不過在秋天都可以辨出幾個星座，例如大熊座同獵戶座等。觀星時有一個基本禮儀，就是不要用白光和強光作照明，避免影響其他觀星者。而且突然的強光會令人看不見陰暗路面和星星，如需照明，請用紅光的小燈。

　　到了早上，能寧靜安詳地對着大海吃早餐也是一大樂事。整裝待發後，便開始第二天的行程。記着帶走自己的垃圾，實行山野無痕，垃圾筒設於附近的公廁旁。

1_ 水清沙幼的浪茄。
2_ 萬宜水庫抽水站。
3_ 西灣山山頂的美景。
4_ 你能看到北斗七星嗎？
5_ 每逢週末沙灘上全都是帳幕。

四疊潭：港版九寨溝

四疊潭位於香港九大石澗之一的雙鹿石澗的下游。沿西灣的海灘走不久後，就會看到一個河口位置，逆溪而上經過一個告示牌後繼續向前行，翻過幾塊大石後便會看見四疊潭，建議先放下沉重的背包和避開濕滑的石頭，以便在難行的山澗中保持平衡。四疊潭潭水翠綠，水潭像一面鏡子反射着藍天和群山，瀑布流水潺潺，用幾百萬年的時間雕琢着石頭，形成今日如斯美景。不過欺山莫欺水，近年不少遊人跳崖游泳，也生過不少意外，所以建議大家不要亂試。

大浪坳

繼續路程回到剛剛的石橋，沿着石橋過河再沿着石屎路前行。這段路有不少暗斜，揹着裝備走起路來特別辛苦，加上沿途較少遮蔭處，記得不時補水。開始下坡後不久，在樹林中走出來豁然開朗，眼前的景色美不勝收，由高處看鹹田灣仿似置身熱帶小島，東面是一望無際的南中國海，正面則是由群山包圍的沙灘。跟浪茄一樣，每行一步都想停下來欣賞鹹田灣不同角度的美態。下山後很快便來到海灘，此時可以沿着沙灘走（此處有指示牌往北潭凹方向前進，但這段路中途有泥沼，較為難行）。穿過一個接近荒廢的村落後，沿指示牌往北潭凹方向行走，便開始這段旅程最吃力的路段。大約半小時後，到達一處涼亭，這裏就是西貢第一尖——蚺蛇尖的山腳。

香港近年掀起露營熱潮，但是在享受露營的樂趣和大自然的景色之後，有沒有留下讓他人也可以享受的環境呢？曾經有網友發現在聖誕假後的大帽山有人以營帳當作大型垃圾膠袋，將垃圾棄之於內，裏面的垃圾重達 10 公斤。這樣不但辛苦了清道夫，營帳內的垃圾大多難以分解，會對環境造成破壞。所以如果可以做到節省用水、減少垃圾，便可以實行無痕露營。露營前可以自備水樽盛載食水，建議每天帶兩公升水，煮食用水則可以從營地附近的河流或公廁以水袋承載食水，煮沸之後即可使用。除了自己垃圾自己帶走和廢物分類外，在家中預備時，可以先拆走食物包裝放進密實盒中，這樣既可以減少垃圾，也防止膠袋包裝隨風飄走。

6_ 波平如鏡的四疊潭。
7_ 逆溪而上。
8_ 左邊往四疊潭，右邊是石橋。
9_ 四疊潭前的告示牌。
10_ 麥理浩徑牌匾。
11_ 揹着裝備走上「長命斜」。
12_ 鹹田灣風光明媚。
13_ 赤徑口內海。
14_ 赤徑石灘。

赤徑石灘、廢墟

稍事休息之後路程便急轉直下，上山容易落山難，形容這段路最適合不過。一路下山直至赤徑，眼前石灘的景色不錯。走過石灘之後不久，便到達一處荒廢村落，一排整齊的舊建築，有些慢慢被藤蔓侵蝕，有些破破落落，每間都有歲月留下的痕跡。

最後一站：北潭凹

通過赤徑之後，又有一小段上山的路。不過相較蚺蛇尖的「長命斜」已輕鬆得多，回眸一看可以看見赤徑口內海的全貌。到一處路口後，轉左跟隨指示牌方向繼續走 30 分鐘，即可到達麥理浩徑第二段的終點北潭凹。轉左沿着馬路走到巴士站，可以乘搭 94/96R 號巴士或 7/9 號小巴返回西貢。

交通資訊

可在西貢市中心乘 94 號巴士（每 30 分鐘一班）或專線小巴 7/9 號往北潭涌站，往迴旋處旁的看更方向走，過了閘口看到傷健樂園便到達路程起點。假日時會有特別班次 96R 巴士於鑽石山鐵路站開出。

注意事項

如果想自己辨認一下星座，有很多不同的手機應用程式都非常方便。此外，觀星時有一個基本禮儀，就是不要用白光和強光作照明，因為會影響其他觀星者，而且突然的強光會令人看不見陰暗路面和星星，如需照明，請用紅光的小燈。

雲霧繚繞的九龍坑山

九龍坑山高 440 米，屬於八仙嶺郊野公園範圍。「九龍坑」的名字源於山腳西面的九龍坑圍村，因為長期被雲霧包圍，所以又稱為白雲山（Cloudy Hill）。由於地理環境優厚，附近沒有高樓大廈阻擋，山上設有高清數碼電視發射站，服務新界居民。登上九龍坑山的山頂可以飽覽一望無際的大埔和吐露港的景色。賞景後還可以到全港最大的蝴蝶保育區鳳園，欣賞超過 200 種蝴蝶，可謂一舉兩得。

在太和的桃花源

由太和港鐵站 B 出口步行約 15 分鐘，沿汀太路一直走至大埔頭路路口轉左，當走至大埔頭徑，可以先左轉參觀古蹟敬羅家塾。敬羅家塾百多年來一直為大埔頭鄧氏宗族的家祠，曾作書室之用。參觀過這個法定古蹟後繼續上路，沿大埔頭徑走不久之後便看見登山

小徑，即全港第二長的衞奕信徑。小徑開段上升坡度頗大，不時需要停下休息，幸好此段大多有樹蔭，加上陣陣山風，很快便恢復動力。在密麻麻的樹林中會有一些空隙讓你可以看到外面豁然開朗的景色。一鼓作氣去到較平坦的地方後，便有涼亭供休息，及後的一段路都比較平坦，而且沿路亦有數個涼亭。繼續前行不久之後便看到一個分岔口，小路路口的路牌以捲曲的樹枝勾出「傻人樂園」四字，「傻人樂園」究竟是什麼神秘地方呢？

一班傻人建造的小天地

　　傻人樂園內種有不同種類的植物、基盤盆景、幾尊由水泥或是陶瓷造成的佛像，亦設有避雨亭和旱廁。據說傻人樂園是由晨運人士自發興建而成，當年還未有政府興建的涼亭，有志人士便興建傻人樂園供遊人使用。在這個歷史悠久的傻人樂園休息和參觀過後，繼續沿着小徑往九龍坑山進發，不消一會便到了小山丘的山頂。這裏設有涼亭和晨運設施，亦設有觀景台，可以看到太和及大埔一帶。跟着指示牌繼續往九龍坑山進發，這一段並沒有石屎路，比較崎嶇，而且山頭比較禿，並沒有樹蔭。前一小段下坡然後緊接一段上坡路，走這一段路難免氣來氣喘，不過很快便來到這段路景觀最漂亮的地方。

橫看成嶺側成峰

　　從小山丘的山頂可以俯瞰到整個吐露港、大埔、康樂園一帶，天氣好的時候甚至可以遠眺深圳，真有大地在我腳下的感覺。接下來是石屎路，這一段都是依着山脊線而建的石級。沿着陡峭的山脊上數百石級難免有點吃力，可是停下休息的時候回頭一看，可以俯視剛剛征服的數個連綿的山坡；山坡上的石級順着山脊線蜿蜒，好像一條小萬里長城一樣。翻過數個山坡之後便到達了九龍坑山的山頂，遇着晴天的日子可以從此居高臨下，無阻隔地看見整個吐露港。不過九龍坑山經常被薄霧所掩蓋，所見的景色，可以說是一種朦朧美吧！

1_ 大埔頭路和大埔頭徑交界。
2_ 大埔頭徑盡頭的路牌。
3_ 萬綠叢中一點紅。
4_ 路上的涼亭。
5_ 登山徑的紅色階梯。
6_ 長長的石階。
7_ 傻人樂園入口。
8_ 小山丘上的風景。
9_ 崎嶇的山路。
10_ 到達240米高的三角測量站。
11_ 依山脊而建的山徑。
12_ 山頂被霧掩蓋，勉強能看到吐露港。

沙螺洞村及鳳園
Sha Lo Tung Village
& Fung Yuen

13

14

15

環保小知識：

什麼是具特殊科學價值地點？

雖然香港已有百分之四十的土地被列為郊野公園，但卻未能為所有生境和物種提供足夠的保護。為加強郊野公園外的生境保護，香港各處已在動植物、地理、地質或地文上具有特色的地方設立具特殊科學價值地點。具特殊科學價值地點由漁農自然護理署鑑定，並由規劃署保管一份有關的記錄冊。具特殊科學價值地點會在法定規劃圖則，即分區計劃大綱圖中顯示。在具特殊科學價值地點內，通常是不會批准進行新發展，但若用作保育用途則作別論。至2008年為止，香港已有66個具特殊科學價值地點。

往前再走數十步便看見八仙嶺郊野公園的牌匾和數碼電視訊號發射塔，再向前行進入一片叢林，到達一處路口，路牌指示向前可以到流水響水塘。不過這次行程的目的地是鳳園，所以大家轉右往訊號塔方向走，很快便會看見往沙螺洞村及鳳園的指示牌，開始下山的路程。下山的路都是鋪滿了石級，而且不太斜，非常好走，沿路除了一些芒草外，並沒有太多植被。大概20分鐘後便來到山腳，這時候又到了一個路口，往右走之後走一段平路再下一段石級便會到達鳳園，往左走則可以到鶴藪水塘。

鳳園蝴蝶保育區

鳳園蝴蝶保育區被列為「具特殊科學價值地點」，鳳園的蝴蝶超過 200 種，佔全港品種的八成，所以這裏的生態價值非常之高。要參觀鳳園需要先成為環保協進會會員，亦可繳付 $20 作臨時會員，以便即日參觀。鳳園在每月最後的星期日會舉辦蝴蝶節，屆時會有攤位遊戲以及導賞團。

在進行參觀或拍攝的時候請注意不要干擾或捕捉蝴蝶，以及愛護和珍惜周圍的環境。在拍攝蝴蝶的時候最好使用長焦距鏡頭，以免因為距離過近而嚇走蝴蝶，同時設定光圈介乎 f/5.6-f/8，以清晰捕捉整隻蝴蝶。快門亦不宜太慢（大概 1 /100s）以確保影像清晰。最好亦配備腳架以防手震影響影像清晰度。

爭議之地：芊色花園

在鳳園蝴蝶保育區的南面 50 米是一個地產項目，這個豪宅項目非常具爭議，有意見認為樓盤會影響當地微氣候，影響蝴蝶的棲息。有見及此，發展商建議了其中一個補償方法，就是在項目的東南部份建設綠化空間「芊色花園」。芊色花園佔地逾 100 萬方呎，一直未有對外開放，乍看之下似是尚未完工就被荒廢，而且缺乏管理，不知道蝴蝶會否接受這個補償方案呢？

交通資訊
乘港鐵或其他交通工具到太和站開始行程。
到達終點鳳園時，可以在鳳園路乘搭小巴 20M/20P 線前往港鐵大埔墟站離開。

注意事項
芊色公園屬於私人地方，並未對外開放，遊人不應亂闖。

鳳園文化及生態教育中心
地址：鳳園文化及生態教育中心 - 新界大埔汀角路鳳園村
　　　150 號
電話：31117344
開放時間：上午 9:30 至下午 5:00
聖誕節及翌日、元旦及農曆新年假期休息

13_ 往鳳園的山徑。
14_ 只見幾棵芒草，頗為荒蕪。
15_ 下山彎彎曲曲的小路。
16_ 芊色公園內詭異的安靜。

三百六十度看丫髻山

相信大部份人沒聽過「丫髻山」，但是對「橫洲」這名字卻可能耳熟能詳。近兩年新聞常常報導「橫洲發展計劃」，連帶毗鄰丫髻山這個默默無聞的地方忽然多了很多行山人士，皆因這裏能飽覽橫洲一大片的貨櫃場之餘，亦能欣賞豐樂圍的方格魚塘。到達丫髻山最高點只需半小時，難度不太高；同時，丫髻山也是鄧氏的風水名穴，來到這裏可以順便考考古，認識新界五大家族之一的鄧族。

2 3

1

告狀，毛氏被滅村，村民被屠殺，血水染紅了附近的河水，故名該地為「紅水橋」，即今日的洪水橋。有一孕婦大難不死，逃到大井圍附近的地方，誕下一男一女，兒女改姓「盛」，有「剩」之意。這孕婦便是盛屋村的開村祖，是為「牛欄伯祖」。

盛屋村

建村於明朝成化年（1466 年）的盛屋村，是這條路線的起點。相傳村民的祖先本姓「毛」，是橫洲大族。但因惹上屏山鄧氏而被上書

經過盛屋村時不妨察看，不難發現這裏仍然保存了不少傳統青磚屋。其中盛屋村 39-43 號一連五間的青磚屋，建於 1870 年代，屬傳統清末平房設計，屋內有廚房、客廳、睡房和小閣樓。不遠處的「廣陵堂」舊稱「群賢學塾」，是昔日村中子弟的學堂。走在盛屋村，新舊建築交集，真是別有一番風味。

丫髻山看深港城鄉

　　由盛屋村走上丫髻山山頂路程不遠，只需半小時。丫髻山高 121 米，位於元朗橫洲北部，分隔了元朗工業園及天水圍新市鎮。從遠處望，丫髻山的雙峰像以前丫頭會紮的兩個小髮髻，故名「丫髻山」。站在山頂上，可遠眺南生圍、尖鼻咀的方格魚塘群。丫髻山附近並無高的建築群，亦無大山，故能三百六十度飽覽深圳、元朗、天水圍的景色，一覽無遺。黃昏時，粼粼波光的方格魚塘，閃爍着夕陽餘暉；夜晚時，更可以看到深圳后海灣一帶的繁華都市夜景，真讓人心醉神迷。

　　行到山頂，可以先小休片刻，欣賞一下新界西北的風景。這裏有行山人士搭建的愛心亭，有兩排座椅，可以靜靜地欣賞朗屏和橫洲一帶的景色。這裏不算是熱門的行山路線，所以即使星期六日過來，也很少看到像大東山、菠蘿山擠滿了人的景象。

1_ 山路十分陡峭，沙石鬆散，上山時有點吃力。
2_ 盛屋村，入山的起點。
3_ 這裏可以三百六十度飽覽美景。
4_ 山上有不少行山人士設置的座椅，累了可以在這裏小休片刻，欣賞美好風光。
5_ 行山人士搭建的「風雨亭」，惜已被拆除。
6_ 丫髻山的最高點。

錦田鄧族在新界落地生根，成為新界五大族之一。

風水寶地

　　新界第一大家族鄧氏的風水名穴，就在丫髻山的山腳。從風水學的角度看，丫髻山屬於「巨門土形山」，主發財發富。北宋初期，居於江西吉安府吉水縣的鄧漢黻徙遷往廣東；他的曾孫鄧符協是江西風水術數家，相傳他南下公幹，路經丫髻山這個工整土形山，便即席點出了「玉女拜堂」以及「仙人大座」兩個穴位。後來他與家鄉江西吉水父老商議，最終遷葬三代祖先於此，而自己亦在新界岑田（今錦田）定居。自此，

　　為什麼兩穴取名曰「玉女拜堂」和「仙人大座」呢？皆因「玉女拜堂」處於兩條山脈之間，像女性的陰部，故名「玉女」。穴位正當觀音山，像是朝拜天子，故名「拜堂」。而「仙人大座」左右兩邊的山勢像一位仙人坐在座椅上，故得此名。很多新界的村民怕在附近的橫洲大興土木會影響穴位的風水，因而反對在附近興建公屋。

7_ 丫髻山上不時看到墓穴。

8_ 在丫髻山山頂可以看到天水圍。

9_ 豐樂圍的方格魚塘。可以看到尖鼻咀和對岸的深圳。

10_ 在山頂上,一邊看到的是豐樂圍聞名的方格魚塘,另一邊看到的是橫洲一大片的貨櫃場。

11_ 這裏是不少行山人士的避世樂園。

12_ 盛屋村以及附近的村落。

交通資訊

可在元朗福康街乘 74 號專線小巴往盛屋村。下車後沿着車道往橫洲配水庫方向行走,留意左邊的水泥石級。由此上行,便可接上往丫髻山山頂的山徑。

注意事項

山的坡度較大,沙石較鬆散,沒有樓梯,建議不要下雨天前往。

橫洲公屋發展

翻過丫髻山山頂後,沿着山徑往下走就是橫洲。政府於 2013 年推出「橫洲公屋發展計劃」,擬定在橫洲北部 33 公頃的棕地上興建 1.7 萬個公屋單位,後來卻轉而發展南面的綠化帶,僅興建 4,000 個公屋單位。受影響的村落包括永寧村、鳳池村、楊屋新村三條非原居民村。部份村民在橫洲紮根數代,但收地通知至拆村最後期限前,只有兩年零兩個月。站在丫髻山,可以看到一大片貨櫃場,這些貨櫃場是已開發的棕地,比起逼村民搬遷,以貨櫃場的土地興建公屋似乎是影響較少的做法,為何要捨易取難,要村民無家可歸呢?

近年政府亦有意發展郊野公園用地,興建房屋。但事實上,香港真的沒有土地可用嗎?根據土地研究社的資料,全港約有 1,200 公頃棕土,當中只有 600 公頃棕土被地政部門「發現」,可用作發展。這次的丫髻山之旅,正正讓我們反思,應該如何有效地規劃土地,在發展和保護環境、保留傳統文化之間取得平衡。

鳳凰徑大東賞日之旅

大嶼山是香港面積最大的島嶼，可是除了機場、東涌、港珠澳大橋和昂坪遊客區之外，大部份土地都未被開發。這個「香港後花園」山多平地少，被大自然包圍，其中香港的第二高山鳳凰山、第三高山大東山皆坐落在這島上，一東一西互相輝映，因此是行山客常常出沒的好地方。這篇介紹的遠足路段由伯公坳開始，途經大東山和雙東坳，直到南山植林區作結。步行時間大概 3.5 小時，路程約 6.5 公里。

芒草滿佈山頭

從前往大東山的石梯拾級而上，可以俯覽水清沙幼的大嶼山長沙泳灘。沙灘位於島的南側，全長達 3 公里，簡直是名符其實的「長」沙灘。即使在高處遠看，也都可以

感受到海岸線延綿不斷的氣勢。往山頂的沿途處處滿佈芒草，在柔和的日光下，淡白的芒花顯得格外明豔動人。一片花海隨風飄逸，散發着蒼茫的氣息。你可能不知道，在淒美的外表背後，芒草的生命力其實特別頑強，環境適應力也很高。林建隆先生的歌謠「菅芒花，菅芒花，生佇山邊，開佇谷底。有葉無枝，秝曉靠勢，風若吹來頭累累……」正好點出了芒草的生機和活力。（註：台灣普遍稱芒草為芒花。）

登峰賞日

再從山脊的小路行走片刻，便可抵達大東山頂的入口。在高 900 多米的山峰上，可俯瞰東涌和機場的景致，更可飽覽石鼓洲、喜靈洲和港島南部的迷人海景。當然，這裏還是觀賞日出晨光和日落晚霞的好地方，深受攝影愛好者的歡迎。高聳入雲的山峰被雲霧繚繞，讓人彷彿置身仙境。事實上，大東山主峰是香港第三高的山峰。原來，它在很久以前竟是浸在海底。在 1959 年，一名英國小孩在和家人到大東山旅行時撿獲一塊奇特的化石，後來被證實為光鱗魚骨的一部份，證實大東山曾浸在水裏。我們不得不佩服自然風貌歷代無奇不有的萬千變化。

山脊爛頭營

在山頂享受醉人的風景後，可原路折返準備下山。途中會見到數十間石屋遍散在山脊上，這就是「爛頭營」的範圍。據說，營地是為了舒緩外地駐港員工的思鄉情緒而建的，給予他們一個放鬆和娛樂的地方。而其爛頭之稱相信是來自大嶼山 Lantau 一字，同時亦有本地人稱之為番鬼樓（一種對外國人的稱呼）。營地雖位置偏僻，但是屋內的供水充足，設施完備。可惜的是，現時營舍為私人土地，因業權問題而停止供公眾租用。看來我們只能遠觀而不能親身揭露其神秘的面紗了。

山腰植林區

往南山的山徑前行，可鳥瞰梅窩和銀礦灣豁然開朗的景色。繼而繞過蓮花山的山腰，抵達臨近終點的南山植林區。如果大家在途中有細心留意四周，就會發現兩旁樹木的品種特別多，也生長得格外茂密。原來這植林區曾是石壁水塘植林計劃的試點。在 1959 年起，政府便開始在此處培植容易生長的外來樹種，如愛氏松、台灣相思等，測試它們對周邊環境的適應力。近年，政府改種更多本地品種，如山蒼子和楊梅，為本地原生物種提供更佳的棲息地。幸運的話，沿途可見本港珍貴的野生動物，像松鼠和赤麂。穿過一片綠海，便會再經過一個停機坪，最後才看到鳳凰徑的紀念牌坊。這趟旅程也就在此告一段落。

🚌 交通資訊
遊者可東涌乘 11 號或 3M 號巴士，到伯公坳站下車，附近半山腰上的個涼亭就是起點。

⚠ 注意事項
登峰的路段傾斜度高，消耗大量體力，遊人應量力而為。

1_ 山徑旁就是海岸線，景觀開揚。
2_ 芒草把山頭染成金黃色，可惜芒草的數量愈來愈少，懇請各位不要拔走芒草作紀念。
3_ 山脊上的石屋屬「香港浸信會聯會營地」，又稱「爛頭營」。
4_ 遠觀「爛頭營」，感受到當時居住在內的閒適。
5_ 往南山的山徑沿途風光秀麗。
6_ 站在高峰上，俯瞰連綿不斷的山脈。
7_ 黃昏時份天空染成橙黃，與金黃的山巒互相映襯。

獅子山下相遇上

七十年代一齣名為「獅子山下」的電視劇，勾勒了當時香港人刻苦耐勞、不屈不撓、守望相助的精神。自此之後，「獅子山精神」一詞成為了香港人引以為傲的價值，有時被用來勸勉年輕一代做事要有衝勁和堅持。「獅子山下」更是一首家傳戶曉的主題曲，成為了香港人的集體回憶之一；其歷久不衰，流傳至今天仍然有很多年輕一輩琅琅上口，或許是因為有着強烈的親切感和共鳴吧。問到什麼是獅子山精神，大家可能會首先想起刻苦、節儉、勤力、盼望等等的形容詞；然而對於筆者來說，「獅子山精神」之所以成為「獅子山精神」，其實是因為這句──「既是同舟　在獅子山下且共濟　拋棄區分求共對」。

獅子山對普通遊客來説，可能是一個值得駐足欣賞數秒的山頭：酷似獅子的大石群，剛好屹立在石屎森林之上，的確是大自然鬼斧神工之作；對香港人來説，獅子山除了是一塊美得很的石頭之外，更是一個地標、一個有代表性的風貌、一個有獨特象徵意義的標誌。

開始行程

由獅子山下的石屎森林出發，沿沙田坳道上升，好不容易來到郊野公園的入口、亦是山徑的交匯點。這裏不時會看到上了年紀的叔叔阿姨在晨運或行山，部份人在路旁席地而坐談笑風生，甚至會拿水桶收集山水飲用。雖然隨着城市發展，「樓下閂水喉」的日子不再，市區亦有很多可休息的地方；可是「天變地變情不變」，城市邊緣的恬靜宜人、樹蔭下的涼風、山水的甘甜對他們來説，實是無可替代。

沿着麥理浩徑拾級而上，雖有樹蔭擋住陽光但都略為吃力。經過雞胸山之後，稍為落一段下坡路就是較容易行走的平坦碎石路。沿着山脊的路徑一直走，雖然景觀算不上十分開揚，但在樹隙中看見前方氣勢磅礡的獅子山，心裏的興奮總叫人情不自禁地加快步伐呢！

1_ 沙田坳道的盡頭就是這次行山路徑的起點。
2_ 在左邊梯級入口拾級而上；也可以沿馬路繼續前行，在沙田坳的麥理浩徑入口才上山。
3_ 往獅子山頂的分岔路口。

俯瞰九龍

經過標距柱 M104，很快就到達登上獅子山頂的分岔路口。上山頂的路絕不好走，甚至有些路段接近懸崖，如果同行有小朋友或初試行山者的話，還是安全至上，乖乖沿着麥理浩徑前行就好。好不容易才登上獅子山頂，站在高處俯瞰一

望無際的我城，頓時覺得剛才的辛苦都是超值的。絡繹不絕的主幹道、九龍塘區恬靜的花園城、大廈密得像森林一樣的油尖旺區、甚至遠至全港最高的環球貿易廣場和國金二期都一一映入眼簾。試問城市裏的人，有多少機會可以從這個角度細賞這個地方？

在自然之下，我們其實都是多麼的渺小。欣賞過如斯美景後，沿着山頂另一邊的小徑蜿蜒而下，很快便接回麥理浩徑，繼續前行不久便會到達香港回歸紀念亭。此時休息最好不過，可以坐亭下吃點茶點充饑解渴，整理一下裝備，準備下一段行程。看風景意猶未盡的話，回歸亭也是一個遠眺九龍景色的好地方。獅子山的山徑四通八達，在回歸亭有山路分別前往畢架山、黃大仙和沙田，如有需要的話可在此處覓路退出。

翻過山嶺，獅子山的背面

沙田？沒錯是新界的沙田。筆者和很多朋友談起香港的郊野，發現有些初接觸遠足的朋友都不知道香港的山徑四通八達，可以翻山越嶺從一方步行到聽似風馬牛不相及的另一個地方。以走路代替乘車，下山時像到達另一個世界一樣，是一個既環保又有趣的體驗呢！山友常說「行山不走回頭路」，大概就是這個意思了。香港只是彈丸之地，市區和市區之間總被屏風一樣的山相隔，地圖上看似近在咫尺，其實卻要登山涉水才到達。在新界開始發展以前，村民也得登山沿山路來往九龍，甚至捧着一袋袋的貨物走過這些路途。但隨着城市發展，有些山路都被拓闊拉平成為馬路，更有隧道直接穿山而過，為市民帶來前所未有的方便，卻無意中破壞了珍貴的自然環境。

4_ 獅子山頂豎立了路牌，讓大家「打卡」拍照留念。
5_ 獅子山頂可以眺望九龍全景，你認得不同的地方嗎？
6_ 獅子頭是懸崖，初次行山的朋友就不要冒險了。
7_ 從縫隙中近看獅子頭，你覺得神似嗎？
8_ 往望夫石的山路入口。
9_ 近距離看望夫石的突石，和遠看有着截然不同的面貌。
10_ 遠看山上佇立的望夫石。
11_ 從望夫石往下走，經過紅梅谷自然教育徑，約 15 分鐘
便會到達大圍的終點。

望夫石的廬山真面目

在回歸亭跟着望夫石的路標往山徑走，不消一會便可看到下一個景點——望夫石。望夫石由數塊突石（Tors）組成：較容易被侵蝕的花崗岩塊外圍被風化之後，剩下原本石塊的核心，岩石突起的形狀酷似婦人抱着兒子望天打卦。坊間流傳一個故事，相傳一對母子為尋找失散後音訊全無的丈夫，每天都登上山上眺望沙田，希望能看見丈夫的身影。可是有一天雷電交加，母子不幸被雷擊中，自此化為岩石，是為望夫石。

無論你相信望夫石的傳說與否，都不得不讚嘆自然界的奇妙。岩石的形成、演替，千變萬化，總教人嘖嘖讚奇。登上望夫石的小山丘，可以像他們一樣眺看沙田；眼前的風景雖則也是城市，但新市鎮的景觀卻和剛才九龍的截然不同。經過望夫石後接回主徑走，之後的路都是林蔭下的石級，一會兒便到達是趟行程的終點——沙田紅梅谷路。

後記

我們喜歡遠足郊遊，欣賞大自然的壯觀美麗。大自然的一山一水，成為了我們生活的佈景板，是忙裏偷閒放鬆一下的好地方。可是除此以外，我們和大自然的關係其實遠比我們想像中近：有些地方像獅子山和望夫石一樣，有着家傳戶曉的故事，甚至有了象徵意義，承載着一個民族的精神。最重要的是，這裏的一草一木，不停地為地球呼吸，把我們多餘的碳排放吸收，轉化為氧氣，孕育生命，讓我們的後代得以延續。

🚌 交通資訊
港鐵黃大仙站下車後步行上沙田坳道起點，或於九龍塘又一城乘坐73號小巴到法藏寺下車前往起點。

ⓘ 注意事項
獅子山頂一段山徑較難行及具危險性，無經驗者不宜獨自前往。

馬鞍山昂平・大大大草原

昂平名字由來

　　說起「昂坪」這個地名，大家或許會先聯想到位於大嶼山的昂坪纜車、市集和天壇大佛；但其實在新界另一端的馬鞍山，也有一個地名相近的地方——昂平高原。「昂平」這個名字，顧名思義就是既高昂又平坦。大嶼山的昂坪和馬鞍山昂平一樣，同樣是香港少數的高原地貌。然而不同的是，前者於十多年前就開始大興土木，被政府發展成為旅遊勝地；而後者則未受發展

巨輪破壞，保留着大片原始地貌和翠綠草原，加上特殊的地形和景觀。正因如此，昂平成為了城市人低碳過週末、親親大自然的絕佳地方。

舊礦場古跡

　　到昂平的路不難走，適合初次行山的人士。由馬鞍山耀安邨巴士站出發，走過迴旋處後沿着馬鞍山村路上升，約 30 至 40 分鐘便可抵達馬鞍山郊野公園的燒烤場和洗手間。在路程中段留意馬路兩旁山坡的話，可以發現不少荒廢的柱墩；其實這是舊礦場關閉時遺下的古蹟——工人採礦之後，會用礦車和路軌將礦產運到不同地方，柱墩相信是礦場停運後沒有被拆掉，成為歲月的痕跡。

　　整段馬鞍山村路全鋪好馬路連接，方便駕駛者前往。然而如果捨棄乘坐私家車或的士，則可以減少碳排放對地球環境的污染。其實參與遠足活動的成功感和快樂，不只是抵達目的地才獲得；沿途慢慢欣賞不同的景物，與同行者一起享受過程，都會讓旅程變得更有意義呢！

環保知多點

山徑全程都是由就地取材的石頭砌成，相比起政府近年建設的石屎路段，碎石路對環境的傷害少很多。除了較美觀之外，石隙可以有效地讓雨水下滲，亦提供地方給小動物生長；相反雨水落在石屎上無法下滲，大量雨水沖到路旁，造成水土流失。

自然郊遊徑

　　在燒烤場小休過後，沿着原本的馬路繼續上斜，約 15 分鐘便可經過馬鞍山村，到達馬鞍山郊遊徑的登山口。郊遊徑大部份路段被樹蔭覆蓋，就算夏天行走也不曬不熱；沿寬闊易行的樓梯慢慢拾級而上，30 分鐘左右就可到達山徑交匯點。這裏既為較寬廣的平地，又有地圖牌、涼亭，可以稍作小休或整理行裝。

1_ 行程的起點－馬鞍山村路。
2_ 圍欄的後方是礦場柱墩遺跡。
3_ 馬鞍山郊野公園燒烤場。
4_ 小休過後，沿馬鞍山郊遊徑方向出發。
5_ 四通八達的山徑交匯點。
6_ 進入山路部份。

草原野生牛群

於山徑分岔口休息後繼續行程，沿大水井指示牌接上麥理浩徑，倚着大金鐘的山腰前行，尋找昂平高原。來到這裏樹木開始疏落，陽光下露出大片金黃翠綠，有零碎矮樹沿路點綴，豁然開朗的景像讓人心曠神怡。如果有幸的話，草原上可以看見牛群，但要小心不要騷擾牠們，遠賞就可以了。這些牛群都是野生的，並受漁護署保育和監察。牠們有的是從前村民遷走時遺下牛隻的後代，可惜行山人士漸多，有牛隻因為誤食遊人遺下的肉類和垃圾，導致健康狀況不佳，危害性命。保護環境人人有責，如果大家都能把垃圾帶走的話，除了可以令山巒更美麗之餘，更可保護大自然的生態系統，好讓人類和動物可以共享這片鬼斧神工的好地方。

俯瞰西貢全景

站在昂平高原的崖邊，彷彿才會頓覺人在自然中是多渺小。在觀景台上俯瞰西貢全景，可以看到很多遠離煩囂的小村落，天氣好的時候，甚至可以遠眺萬宜水庫和蚺蛇尖；陽光在平靜的牛尾海上閃閃反照，連同後面翠綠的小島影入眼簾，如此美景可以目不轉睛看一個下午呢！昂平高原被大金鐘、石芽山、馬鞍山包圍，抬頭回望一下，又是另一番宏偉的景象。香港只是個彈丸之地，但擁有的自然景觀就多不勝數；從城市出發穿過山巒，映在眼前的是完全不同的風景，能夠有這種仿如進入另一國度的體驗，是香港人的福氣啊！

旅程終結

　　昂平之所以成為行山勝地的其中一個原因，是因為這裏的山徑四通八達。離開時可以沿麥理浩徑繼續前行，接茅坪古道往西貢北港或者大水坑梅子林，行程約 1.5 小時；也可以沿路折返，往馬鞍山村下山。

　　折返時面向大金鐘，圓拱尖頂的山形有如大鐘一樣，因而得名。如果有興致以更高角度、居高臨下觀賞西貢景色，又或者俯瞰昂平高原的話，可以登上大金鐘一看。唯上落山的山徑地勢頗為險要，有不少碎石，始終安全要緊，沒有行山

經驗和畏高者不宜前往。上落大金鐘需時約 40 分鐘，從草原覓路到山腳拾級而上，下山可繼續前行沿灌木叢中小徑下降接回主徑，繼續往馬鞍山村路返回馬鞍山市的路程。

7_ 翱翔中的滑翔傘和腳下浩瀚的風景，是香港難得一見的景象。
8_ 是很可愛的小牛牛呢！
9_ 昂平是玩滑翔傘勝地，風和日麗的日子可以見到他們，構成獨特的風景。
10_ 昂平高原大草地。
11_ 昂平高原的崖邊可以俯瞰西貢全景。

🚌 交通資訊
乘坐 40X、85M、85X、86C、86K、87D、87K、89D、680、681、682，到恆安邨或耀安邨站下車。

ⓘ 注意事項
昂平有不少牛群聚居，上山時請不要騷擾牛隻，以免發生不必要的衝突，影響安全。

梧桐寨‧天人合一瀑布

置身熱帶雨林中的井底瀑

大概 20 分鐘後，便會來到群瀑的第一條——井底瀑，此處因為樹木茂盛，抬頭望向天就好像在井底觀天一樣，因而得名。這裏又好像原始森林中的瀑布般，樹木的氣根和藤蔓下垂，密得好像可以讓泰山在森林中盪來盪去。瀑布分成兩截，較高的一截，河水在石隙中流出，在路過一個平台後，流水被大石分成兩條，再流入瀑底池中。在週末的時候這裏遊人眾多，要注意旁邊的梯級較窄，小心出入。

位於大埔西南面、大帽山山麓的梧桐寨，擁有香港落差最大、規模最大的瀑布群，分別是井底瀑、中瀑、主瀑和散髮瀑，各有特色。其中以主瀑落差最大，達到 30 米。路線以梧桐寨村巴士站做起點，到最高點的散髮瀑之後沿路折返，全長六至七公里，最高點約 450 米。 對城市人來說，看到瀑布的機會不多，但這一個「香港之最」，就萬萬不能錯過了。

踏入隱世村落

下車後由沿着梧桐寨路到梧桐寨村，大約 10 分鐘。在村口接駁行山徑，再行大約 5 分鐘就會見到萬德苑的牌坊。這裏的景觀像隱世的樸素村落，在路的左邊可以看到田園，想必住在這裏種田的生活一定十分恬靜悠閒。經過萬德苑之後，很快便到了一個路口，指示牌標示着上山的路就是往瀑布，沿林村河聽着流水潺潺，而且從山谷來的風一路吹送，這段路走得十分寫意。

中瀑：不大也不小

在井底瀑出發，翻過一段梯級後，3分鐘後便到達中瀑。中瀑的四周沒有比樹蔭遮擋，落差比井底瀑高出大概一倍，氣勢和井底瀑截然不同。中瀑的石頭棱角分明，水流打在石頭上散開成水珠，水珠打到中瀑布底池後又散發成水霧，走到瀑布附近明顯感到較清涼。瀑底有不少經流水掉下來的大石，遊人都喜歡站在大石上和瀑布合照，不過在濕滑的石面上行走要小心注意安全。

主瀑：香港瀑布之最

之後前往主瀑的路程是最有挑戰性的一段，路程約 30-40 分鐘。開始時較簡單，大多是幾級石級接着一段平路。大約 10 分鐘後到達一處不太起眼的小瀑布，可在附近的石頭上休息，這裏看似杳無人跡，不過有時卻能看到挑戰行山澗的人士游繩下降，他們拉着繩子踩着石頭緩緩下降，然後一躍而下跳進水池，讓人看得嘖嘖稱奇。休息過後，便繼續找尋主瀑的行程。這一段路比較崎嶇，不時需要手腳並用，而且山路頗窄，週末人多的時候容易造成擠迫。不過去到主瀑的時候，大家就會有一種豁然開朗的感覺，這一切都盡是值得。

在茂盛的樹林中走出來，瀑布就像在樹林中開了一個洞似的。主瀑旁設有一個平台，讓大家可以在遠處觀賞高達 80 米的主瀑；細心一看，會發現瀑布的流水不是直直的流下，而是沿着石縫流下，好像把石頭打斜切開一樣。主瀑周圍非常清涼，瀑布瀉下的水形成的小水珠，不斷為遊人降溫。主瀑的規模並非相片可以表達，皆因走近瀑布時，可以近距離看到河水傾瀉而下，配上水聲洪洪，氣勢十分磅礴。此處當然不能跟外國動輒幾百米落差的瀑布相提並論，但親歷其景，話壯麗也不為過。

地理知識：瀑布的形成

瀑布通常位於河流的上游部份，大部份瀑布的形成是因為流水經過不同類型的岩石，而流水對石頭的侵蝕速率不同而造成高度差別。梧桐寨瀑布屬於林村河的上游部份，而地理上亦正正位於兩種不同岩石交匯的斷層之上，形成了創造瀑布的絕佳條件。梧桐寨瀑布頂部的岩石為較堅硬的粗火山灰晶屑凝灰岩，在侏羅紀時期大約一億六千萬年前的火山爆發時形成，因為顆粒較細所以比較能抵抗風化。

梧桐瀑布底部的岩石為較軟的大埔花崗閃長岩，同是在大約一億六千萬年前形成，不過因為形成的時候岩漿在地底慢慢冷卻，形成較大的顆粒，所以比較容易受到侵蝕。正正因為兩種岩石軟硬的分別，流水對較軟的石頭侵蝕較快，隨時間的流逝，在兩種石頭的交界形成了落差。當河水從瀑布傾瀉而下，流水會在瀑布的底部形成漩渦，加速瀑布底部的侵蝕形成跌水潭。當瀑布底部被侵蝕至不能支撐上方的大石的時候，瀑布上方的大石就會落下，散落在瀑布底的周圍。

1_ 萬德苑的牌坊。
2_ 往瀑布的梯級。
3_ 有人爬到瀑布的大石上。
4_ 中瀑旁的石頭棱角分明。
5_ 香港落差最大的瀑布。
6_ 往主瀑途中的一個小瀑布。
7_ 休息時的景觀。

天空之泉：散髮瀑

　　沿瀑布另一邊的小路而上，就
會到達最頂的散髮瀑。散髮瀑是梧
桐寨瀑布群最高和最小的瀑布。
流水從源頭流下時分開了三四條
水流，就像女士的長髮一樣那麼動
人。散髮瀑旁邊有一個山洞，從外
面看洞穴內黑漆漆的看不見盡頭，
究竟裏面藏着什麼呢？在洞裏行不
到十步便看見分岔路，兩條路分別
只有幾米深，原來洞穴並沒有想像
中那麼恐怖。據說這是一個荒廢的
礦洞。從洞裏走出來，走到崖邊，
見到流水從散髮瀑的瀑布底池的一
個小缺口流出，再流到崖邊落下，
在崖邊看到的只有遠處的山景，驟
眼一看就好像流水和天空合二為
一，內心泰然。

　　到這裏就看過所有的景點了，
除了沿路折返之外，從散髮瀑再前進
的話就可以登上大帽山或者從另一條
路返回梧桐寨村，回程大約一小時。

8_ 流水和天空二合為一。
9_ 主瀑的水源就是這小小的缺口。
10_ 像不像一把秀髮？

交通資訊
乘搭 25K 小巴／65K／64K 巴士，在梧
桐寨站下車。

ⓘ **注意事項**
梧桐寨村口附近有洗手間，之後沿路都沒
有洗手間。

低碳路線資訊

大坳門 → 清水灣道 → 清水灣郊野公園 → 龍蝦灣郊遊徑 →
大嶺峒 → 龍蝦灣風箏場 → 大坳門

約 3.5 小時

於高山舉目海岸線·
龍蝦灣

在城市太久，被密密麻麻的高樓大廈包圍，放假是時候到綿綿無盡的海岸線看看了。由清水灣出發沿清水灣道走，大約 20 分鐘便會到達清水灣郊野公園。再於公園旁的一條隱閉的龍蝦灣郊遊徑一直走，雖然盡是石級有點吃力，但大約 40 分鐘後，便可登上 291 米高的山峰大嶺峒。氣嘘嘘過後，突然放眼不再是梯級，而是萬里無雲的藍天，在高處飽覽天海連成一線的大嶺峒景色，放下都市的壓力，身心舒泰。這路線雖然石梯比較多，但沿途都有回氣的平路，全程約 7 公里，需要約 3.5 小時的路程左右便可到欣賞到綿綿無盡的海岸線。

一家大小放風箏

龍蝦灣位於香港新界西貢區，由清水灣郊野公園出發，沿龍蝦灣郊遊徑走便會到達，沿途更可以看到大嶺峒的風景。清水灣郊野公園是個一家大小玩樂的好地方，可以放風箏、觀星、野餐；因為公園環境空曠，被一大片的藍天白雲所包圍，加上綠油油的大草地，假日時吸引不少家庭帶着風箏、燒烤用品沿清水灣道上山玩樂。在公園舉目滿天都是一隻隻的風箏隨風自由搖曳，在樹上亦掛滿紅紅綠綠的風箏殘骸。公園位處的大坑墩位於香港東面，幾乎無遮無擋，從南中國海吹來的風勢穩定又急勁，自然成為放風箏的好地方。公園內一片片的大草地上最適合野餐，又或是大伙兒圍在燒烤爐燒烤，伴隨着涼風，在藍天白雲下好好放鬆心情。

1_ 公園內有個放風箏的好地方。
2_ 按這個指示牌方向走。
3_ 沿途會看見的風景。
4_ 清水灣公園。
5_ 路線圖。

清水灣主要由兩部份構成，分別是坑口向南伸展至大廟灣的山脈及清水灣道以東延伸至龍蝦灣一帶的小山。地質學家發現清水灣一帶大部份的土地在遠古時都遭受淹沒，如今的清水灣的海岸是一個沉沒海岸。因為大部份的土地都已被淹沒，加上地質有所改變，清水灣一帶的地勢崎嶇不平，不宜作工業及住宅的發展。因禍得福，這反而令清水灣成為香港其中一個後花園，免受香港急速的城市發展所破壞。故此清水灣一帶水清沙幼，不少自然的景觀都得以幸免可以保留下來。

代表愈接近大嶺峒，在石級間就可以放眼清水灣周圍的海景，一邊看風景，一邊爬梯級，大概走 40 分鐘便可以到達。臨近山頂終點，會有些小灌木包圍着盡頭的位置，隱隱約約看到盡頭有個山頂測量柱，穿過小灌木圍成的小山洞，突然腳步放輕了，不再是看不到盡頭的石級，而是海天連成一線的「無敵大海景」！

 ## 攀上百多層梯級

如果不想只是到大坑墩放風箏，就可以依着清水灣郊野公園的路牌行，在公園停車場的位置旁有一條小樓梯徑，沿龍蝦灣郊遊徑一直向上走，便可以到達 291 米高的山峰大嶺峒。初段石級頗為吃力，因為石級的階級有高有低，加上小徑頗為傾斜，有時需要手腳並用來取得平衡。雖然石級比較多，但偶有短暫的平路，可以坐在大石上休息，亦不算太辛苦。一直向上攀，

綿綿無盡海岸線

大嶺峒是清水灣東面的一座山峰，三面環海，在山上可以看見吊鐘洲、牛尾洲、火石洲等島嶼。登上山頂，被萬里無雲的天空包圍，會感到剛剛攀爬石級的辛勞都是值得的。在大嶺峒有很多大大小小不同的石頭，組成雜亂無章的石陣，時常吸引不少人坐在石頭上拍照。拍出來的照片都是海天一線的，景觀十分壯麗！大嶺峒多是大石和小山路，偶有一些小草坪夾雜在大石之間，亦有人會坐在草坪上野餐；一邊與朋友野餐，一邊飽覽海景實在是一大樂事呢！在山上並沒有其他分岔路口，只有一條山路，一直向前走就可以離開大嶺峒，到達龍蝦灣風箏場。

下山龍蝦灣

在山頂大嶺峒看完景觀壯麗的海景後，便可以順着山路下山，一直沿路走便到龍蝦灣。下山的路程相對輕鬆很多，石級少了，大部份都是平路，只是有點凹凸不平。差不多到龍蝦灣時，變為石階路，一直沿石級下山，便會看見騎術學校的練馬場地，此處附近可稍稍休息，亦有洗手間。休息完後可以沿着指示牌繼續走，這時候在路旁會看到一條陰暗的小路，深處傳來海水的氣味，穿過小路就可以看見龍蝦灣了。

龍蝦灣自成一國，隱藏在小小的路徑後，兩邊都被岩石包圍，而前面就是一片茫茫大海。龍蝦灣滿地都是卵石，走起上來會變得一拐一拐的。這裏還有一塊已被列為古蹟的遠古石刻，可是來自什麼年代、內容是什麼、甚至是真是假，連古物古蹟辦事處也說無從稽考，只好留待大家親身判斷了。但記謹要注意安全，因為龍蝦灣偶有大浪，拍照的時候不要太接近海邊。離開時回大路就可以，龍蝦灣旁有個龍蝦灣風箏場，供遊人放風箏。

🚌 交通資訊
可在將軍澳站乘坐 103M 小巴，到大坳門站下車。

ⓘ 注意事項
石級較多，會花費較多氣力。

6_ 高高低低的石級。
7_ 見到黑白柱就代表到了！
8、9_ 無敵大海景。
10、11_ 龍蝦灣的海景。
12_ 沿路下山。
13_ 會看見騎術學校的練馬場地。

沿大馬路離開

最後可以經騎術學校的練馬場地離開。在騎術學校附近一直都有車輛駛上山，只要沿馬路逆方向走下山就可以。大概 40 分鐘便可以到達清水灣巴士站。那時候就可以到小食亭坐一坐，吃點東西。小食亭座位很多，價錢都很合理，不少行山人士都會在小食亭吃點東西才離開。行完整座大嶺峒，滿身大汗，這時喝杯凍檸茶實在太滿足了。巴士站有很多車經市區，大概 10 分鐘車程已經可以回到將軍澳，交通這樣方便難怪會吸引這麼多人到清水灣行山。

無人島挑戰・大鴉洲

生態知多點
大鴉洲的岩石是花崗岩，也就是岩漿在地下的深處地洞裏經冷卻而成的酸性岩石。之後經地殼移動後，地底內的花崗岩就會移到地面，成為我們能看見的岩石。

香港是一個人煙稠密的城市，有沒有想過香港其實也有不少荒島？索罟群島內的大鴉洲位於大嶼山西南部對外的海域，是一個別具特色的小島。大鴉洲是八十年代為收容越南難民而建的羈留中心，此島並不設渡輪服務，遊人需要跟隨本地旅行團或自僱船隻才可以到達，所以要踏足這個世外桃園並不容易啊！

於東涌渡輪碼頭出發，乘搭船隻經過大嶼山西南部的水域，大概兩小時船程便會到達大鴉洲碼頭，幸運的話更可以看到中華白海豚呢！進入大鴉洲就如踏進了無人之境，山徑草木茂密，海峽的風景更是一覽無遺；小島被群山所包圍，周圍都是巨大的岩石群，全是極罕見的自然風景。

大嶼山如火如荼的工程

到大鴉洲的路程上都沒有補給站，所以在東涌附近可先準備好食物乾糧再出發。在船上看着城市與自己愈離愈遠，漸漸便是一片廣闊的大海，在一片無盡的海域漂流，周圍再沒有高樓大廈；吹着海風、看着大海，遠離城市的煩囂。在大嶼山西南部接近大澳的水域一帶，幸運的話還可以見到中華白海豚。可是現在大嶼山的工程不斷，像北大嶼山的填海工程、港珠澳大橋建人工島、第三條跑道等的大型工程，均嚴重影響白海豚的生態環境，令海豚數目大幅下降。

大鴉洲是什麼？

七十年代，大小鴉洲有不少居民居住，島民在島上過着安靜簡樸的生活。後來英資發展商看中了大鴉洲，向居民買地，居民其後陸續遷走。發展商後來發現大鴉洲發展困難，故此把土地賣給港英政府。港英政府便於大鴉洲建立一座越南船民羈留中心，期間曾發生船民暴動，警方進行防暴鎮壓，最後成功收復全島，小島回復寧靜。時至今日，羈留中心早已關閉，可是關於大鴉洲的發展計劃卻一直未有定案，政府曾打算在這裏興建監獄，後來又擱置下來；中電亦曾打算在小島興建液化天然氣站，但因內地向香港輸出天然氣，中電取消了計劃。大鴉洲經過一連串的風雨後，最終回復寧靜，成為一個人跡罕至的行山地點。

1_ 山頂的景色。
2_ 在東涌碼頭出發。
3_ 登上船向大鴉洲進發。
4_ 如火如荼的工程。
5_ 大鴉洲的碼頭。
6_ 沿這條大路上山。
7_ 一條條臨時房屋拆卸後留下的坑紋。

交通資訊

大鴉洲並不設渡輪服務，遊人需要跟隨本地旅行團或自僱船隻才可以到達。

ⓘ 注意事項

在海中航行時避免大聲喧嘩，影響白海豚作息。

船一直向南索罟島出發，經過大澳水域後繼續航行，大概兩個小時多就會到達大鴉洲。甫到達大鴉洲碼頭，大家一定會被島上的岩石山所震懾；島上杳無人煙，放眼只是一大片的平地，但四周卻被一座座的岩石山所包圍。站在岩石山前拍的照片，效果都會十分矚目呢！島上很多建築物都已被拆去，只剩下一些廢墟，令大鴉洲多了一份歷史感，是一個充滿人類歷史痕跡的荒島。

登岸大鴉洲

於碼頭登岸後右轉，沿着寬闊的道路走，很快便到達廣闊的空地位置。空地兩邊都被巨大的岩石山包圍，放眼便是一片大海，海天連成一線。走出海景的位置，碧海連天，可以好好靜下來，細細欣賞這個無邊的大海。海的一邊有幾座岩石山，在岩石山前拍到的照片就像去了外國一樣——岩石山配上無敵大海景，氣勢十分宏偉！之後可以沿斜坡上山，於山頂俯瞰索罟群島一帶的海景。在這裏俯瞰可以看見大鴉洲相鄰的小島，包括小鴉洲、樟木頭、孖洲及頭顱洲等，合稱為索罟群島。

下坡後可以走回大空地，經另一條小斜坡的涼亭旁進入。這路段的叢林十分茂密，野草亂生，隨行友人笑言走這段路需要「暴霜露、斬荊棘」。大鴉洲十分荒涼，並沒有明顯路徑，只有一大片蒼翠茂盛的植被，頭頂都滿佈樹木，就像是走入熱帶雨林一樣。一直走會經過大鴉洲的牌匾和越南船民羈留中心的部份遺址，牌匾雖然已經多年歷史，但大鴉洲三個字仍然十分清晰地刻寫在牆壁上。沿路一直走會返回涼亭位置，這時候就可以稍作休息，吹着涼風，欣賞大鴉洲周圍的風景。最後就可以走回大鴉洲碼頭，乘坐船隻離開，可以駛到尖沙咀或東涌，再乘坐公共交通工具回到市區。

低碳
路線
地圖

https://goo.gl/EDXWNK

低碳路線資訊

川龍村 ⟶ 悅來農莊 ⟶ 大帽山郊野公園遊客中心 ⟶
大帽山山火瞭望台（沿路離開）

約 5 小時

走過四季的大帽山

大家或許略有聽聞大帽山的登山客常去「川龍飲茶」，那「川龍」在哪裏呢？川龍村是位處大帽山山腰一條歷史長達五百多年的客家村落，內有曾氏原居民聚居。在川龍村附近還有一個隱世的小農村，大家經過時還可以於農村買些本土生產的蔬菜，支持一下本土農夫的付出。離開小農村後，可以登上大帽山，看看大帽山山火瞭望台（妙高台），那裏有很多巨石，形成有趣的石陣。由川龍村到大帽山遠足所需的時間不多，大約來回 5 小時已經可以走畢整個大帽山；假日不想只是行山，還想有美食陪伴就可以選擇這條路線了。

行山由飲早茶開始

想直接到大帽山遠足的話可以乘坐港鐵到荃灣西港鐵站再轉坐 51 號巴士，於郊野公園站下車。到站後便會看見大帽山郊野公園遊客中心的指示牌，只要一直沿大馬路走便會到達。如想充實點，當然可以先到川龍飲早茶。從荃灣站乘小巴到大帽山，在川龍村公廁附近下車，往前走一會兒便看到曾氏祠堂。再走幾步即到達川龍馳名的兩間自助茶樓——端記和彩龍茶樓。隨着大帽山的遊客增加，週末午飯時間均座無虛席，想更容易找到座位，便要趁早光顧了。兩所茶樓同樣以山水豆腐花和附近種的新鮮西洋菜作招徠，從找座位到拿點心、取餐具，也是顧客自助的。一籠籠熱騰騰的點心供茶樓客自選，腸粉也是即製的，口感細滑。

本地農業：悅來農莊

在茶樓吃飽後，沿着大馬路一直走約 10 分鐘，便會到達「悅來農莊」。從遠處已看見農莊的一面招牌，以熟練的毛筆字寫着「合時蔬菜 生菜、油麥 歡迎參觀選購」。走到農莊門前，則有「歡迎參觀」的門牌。筆者到訪的時候，有一位親切的先生主動帶遊客參觀有機農莊。原來，他是此農莊的負責人，上數代已在川龍耕作。他在田地上進行混養，種滿西洋菜、合掌瓜、木瓜、蘿蔔、荷蘭豆、薑花、桃花等等，其中西洋菜更是遠近馳名的川龍特產，合掌瓜則肥大飽滿，號稱肉質清甜。

負責人表示農場不用化學肥料，主要以動物的排泄物和街市丟棄的魚內臟，如魚腸、魚鰓進行堆肥。蔬果也不添加防腐劑，購買後要儘快吃掉，以保鮮甜。農作物不作外銷，顧客大多慕名前往購買，可以免除包裝和運輸的碳排放，同時也確保蔬菜新鮮。他說：「買過的人都會回來再買，因為有機耕種的味道一定鮮甜可口。」顧客更可以隨羅先生到菜田上，一嘗採摘新鮮蔬菜的滋味。

出發到大帽山

於「悅來農莊」出來後，可先走回川龍村，再步行至大帽山郊野公園站，按大帽山郊野公園遊客中心的指示牌，一直沿大馬路走，便可以前往妙高台的大帽山山火瞭望站了。大帽山是全香港最高的山峰，海拔 957 米，因為全年平均相對濕度高達 88%，因而經常困於濃霧之中，所以大帽山又稱為「大霧山」。上大帽山遠足，頭髮都會因濕氣而濕透，筆者與友人於那天離開時，大家看一看對方濕潤的頭髮都笑說：「上完一次大帽山直頭好似沖咗次涼咁。」大帽山不但濕度高，而且特別寒冷，全年總平均溫度只有攝氏 17 度左右，於冬天的時候經常會有結冰或結霜現象，不少人為了看結霜都特意到大帽山。

1_ 農地上翠綠的有機蔬菜。
2_ 農夫即時採摘油麥菜，售賣給顧客。
3_ 農莊的外觀簡潔樸素。
4_ 困於濃霧之中的大帽山。
5_ 沿途會看見一座陰森的石屋。

慢走大帽山

　　雖然大帽山好像又潮濕又寒冷，但在每年秋季，秋高氣爽的日子上山，沒有濃霧的大帽山景色卻是十分清澈，能把山腳所有景色都盡收眼簾，實在是人生人大樂事呢。就算是大霧日子上山，拍出來的照片都另有一番「風味」，整個山頭都籠罩在大霧之中。一開始在山腳走的路都是平路，十分易走。而且大帽山平日都沒有太多車輛駛進，在大馬路慢走，再加上兩邊悅人的風景，在藍天白雲下慢步十分舒適。山腳位置沒有霧氣，看到的景色都十分遼闊，但一直走到接近山頭的位置，霧氣便會逐漸增加。

妙高台石陣

　　一直沿大馬路走，會看見附近有一條明顯的小路。細心留意就會看見大樹旁掛有絲帶，沿小路的石級向下走，便會進入一個小樹林。經過小樹林後，便可再沿路繼續直走，會看見另一條的小路，沿路走，放眼便是一片遼闊的草地。筆者到訪時，突然一陣急風刮起來，山頂的氣溫寒冷很

多。這次上山，雖然不是冬天，但在山頂位置，整個山頭都刮起大風，風夾雜着粉末一樣的細沙，再加上濃霧濕氣，風吹過來的時候實在會寸步難行。所以於秋冬交替的時候上山一定要帶上外套，山頂和山腳的溫差實在是很難預計的（可以參考每上升一千米低 6℃ 的定律）。行大帽山一天就像走過四季一樣，於山腳感受到夏天的炎熱、一路上山感受到春天的潮濕、一路慢走經過秋天的過渡、到了山頂就會感受到冬天的寒冷。一直走就可以到達海拔765 米高的妙高台了。這裏雖然不是大帽山的最高點，可是風景卻絕不遜色。四周有很多巨型的石頭，遍佈在山頭的每個角落，另外有些小屋，在這裏拍出來的照片都有一份荒蕪的感覺。

　　最後可以沿路離開，回到起點的郊野公園站乘搭交通工具離開，亦可以按指示牌走到城門水塘離開，總結一天又吃、又買、又登高的豐富行程。

6_ 一直沿大馬路走。
7_ 沿石級走入樹林。
8_ 鎖在濃霧中的高妙台。

🚌 交通資訊

到大帽山遠足可乘坐港鐵到荃灣西站再轉坐 51 號巴士，於郊野公園站下車。到站後便會看見大帽山郊野公園遊客中心的指示牌，一直沿大馬路走便會到達。
到川龍則從荃灣站（川龍街）乘 80 號綠色小巴到川龍村公廁附近下車。

ⓘ 注意事項

嚴冬下大帽山山頂路面結霜，容易失足滑倒，缺乏登山經驗者不宜前往。

進入大人國世界·
浪茄／萬宜

如果有全天的時間，不妨走一段共 16 公里的路線，全程約需 6 小時，不過路程較長，適合較有行山經驗的人士。雖然較辛苦，但這條路線的收穫卻是十分豐富，路途可以看到媲美馬爾代夫的浪茄灣——浪茄灣水清沙幼，美景一洗平日煩囂生活下的壓力；也可以看到很多巨大岩石的萬宜水庫，如走入大人國一樣，絕對能拍下一張張震撼的照片。這路線山路平坦，有時間的話不妨挑戰自己的毅力，一口氣由早上走到傍晚。

瞭望西貢一帶海域

在西貢親民街乘搭 29R 村民小巴，於西灣亭下車。下車後便會看見路牌寫着西灣村，按指示一直沿路走就對了。沿路都是水泥平路，非常易走，中途會看見涼亭和小溪澗，但沿途樹蔭不算很多，建議戴帽子抵擋猛烈的太陽，以免中暑。路上可以在山上瞭望西貢一帶海域，遠望還可看到萬宜水庫西壩。在山上看見的海水碧綠清澈，一個一個墨綠色的山嶼互相依偎，一片萬里無雲，加上陣陣的涼風，實在十分寫意。太陽雖然猛烈，但在西貢群山美景的相伴下，以及行的都是石泥平路，所以不會太辛苦。

1_ 浪茄方向。
2_ 往破邊洲途中的大型石灘。

Chapter 1 ······· 無痕山林 ·····

風勢猛烈吹筒坳

　　由起點西灣亭走到吹筒坳大概需要 45 分鐘，在走到吹筒坳的途中，風吹得頗大，不知道是否因為這個原因，所以吹筒坳就這樣取名呢？到了吹筒坳後可以先看看公園裏的路線圖，按照路線圖便可以由吹筒坳走到西灣山，再到浪茄灣，最後到達萬宜東壩。小休一會兒，就可以正式開始走向萬宜東壩的路程了。吹筒坳有路牌指示走向浪茄的路，大概走 1.5 小時便可以到達浪茄。路上設有涼亭供遊人休息，在涼亭可以遠眺西灣景色，就算剛才的石級路有多辛苦，看着這裏的怡人美景，也能「一景解千愁」！

愈爬愈高的樓梯

　　稍作休息後就要繼續出發了，然後就來到了整段路線最辛苦的一段路，是一段又長又斜的樓梯，但石級都很平穩，令人十分安心。愈走愈高，從高處瞭望到的景色更加廣闊，繼續行走，就會到麥理浩徑第二段。樓梯雖長，讓人走得上氣不接下氣，但回望走過的路和遠望山下的風景，大自然又為自己打打氣，那就能繼續堅持下去了。走到最後是石泥平路，又有一個涼亭，可以在這休息一會兒。接下來是一小段的下坡路，但路中間都是些大石頭，只好把石頭當梯級，手腳並用，

慢慢下坡就可以了。按着指示牌方向，大概還有一個小時就可以走到萬宜路。

清涼的中途站

　　中途會有些小溪澗，用溪水洗臉十分清涼。經過一段路程後，終於望到浪茄灣的蹤影了。遠望浪茄灣，便看見清澈的碧藍色海水，過浪茄戒毒中心後走多一會兒，便會到達浪茄灣。走到沙灘，沙子都十分幼細，踩上沙子感覺軟綿綿的。浪茄遠離市區，所以海水十分清澈，清透得可以看見水裏的小魚兒。浪茄海灘遊人罕至，就像無人島一樣，加上四周風光如畫，都市人看見這片無際的大海絕對可以拋開一切煩憂，會讓人忍不住把鞋子脫去，將腳浸在水中，炎熱的感覺立即一掃而空。

巨人的大世界

看完無敵大海景後，就可以向萬宜水庫的方向出發。在浪茄戒毒所旁的小路再往山上走，有路牌指示往萬宜路的方向。路程雖然不長，但上一段路已經花了很多氣力，所以要再跨過這個小山坳就不是一件容易的事，頗為考驗耐性。一走近萬宜水庫，放眼盡是宏偉的堤壩，有大量的巨大岩石，又有由巨大錨形消波塊建成的防波堤。在萬宜東霸走，周圍的相機的快門聲會響不停。萬宜東壩的景色太宏偉，人太渺小，走入萬宜東壩就像一個走入大人國一樣。不少遊人都會攝手攝腳地走入巨型岩石之中拍照，拍下的照片都很有趣。一直走又會看見整齊排列的六角形柱石陣，因為經過地震和地殼活動，所以石柱形態扭曲，石牆就像被巨人用力扭曲過一樣，又怪異又宏偉。向岸邊進發，還會發現一個海蝕洞，那裏有一條木橋步道通往觀景台，可近距離觀看海浪侵蝕岩岸的威力。在萬宜東壩隨便拍一張相都十分「霸氣」，透過鏡頭看萬宜東壩都會不禁驚嘆大自然的奧妙。

在萬宜水庫停留過一段時間後，就要開始回程了。最後一段路一小時內可以走完，沿路走到萬宜水庫的西霸，再走到北潭涌巴士站，搭 94 號巴士就可到西貢市中心離開，結束這一天的行程。我們習慣在市區生活，卻可能不知道我們城市的另一邊，也有很多值得讓香港人感到驕傲的自然名勝。其中這篇介紹的萬宜水庫六角柱群，更是世界級名勝，可媲美英國著名的巨人堤道呢！不少愛自然的外國人會特地前來香港行山；作為一個香港人，至少要親眼看一下吧？

10

11 12

低碳
路線
地圖

https://goo.gl/dUxYu9

低碳路線資訊

河上鄉 → 羅湖懲教所 → 快景路 → 大石磨 → 河上鄉

約 3 小時

解禁邊境探秘・大石磨

大石磨擁有觀賞中港邊境的極佳位置，此路線富挑戰性但風景優美，絕對能為大家帶來不一樣的登山體驗。大石磨自 2013 年第二階段的邊境解禁開始，便不再需要持有禁區紙才可進入，不少人為了從昔日英軍瞭望台一覽中港邊境而慕名前來。這篇將會介紹大家如何到這個昔日的軍事要地觀賞落馬洲、羅湖、深圳一帶的景色。

登上大石磨一段路

在河上鄉下車後，沿居石侯公祠旁的路入村，到達連接馬路的路口時轉右，一直沿着馬路走，經過羅湖懲教所之後轉左進入快景路，很快便看到一家豆品店，可以在這裏補給和一嚐馳名的豆腐花。繼續行程，留意左邊的一條小路，進入後便可以前往大石磨。雖然這段路只有 800 公尺，卻非常陡峭，走過最斜的一段後便到達平地。從這裏可以看到一個依山而建的兵房，登山後從底部的樓梯可入內一探究竟，可是兵房內已成空房，當中有何歷史故事實在無從判斷。

環保小知識

從相片可以看見，深圳市上似乎籠罩着一層薄薄的霧霾，這是因為大氣中逆溫層的形成而導致污染物未能散去。正常情況下，熱空氣的上升會把污染物一併帶走；可是當冷空氣在暖空氣之下（例如寒流來襲時），污染物便會被困在冷空氣中。這樣的情況會令空氣污染加劇，為健康帶來更大風險。

觀賞中港邊境的最佳位置

　　再爬上樓梯便到達大石磨山頂的直升機坪。大石磨並不高，只有184米，可是這裏的景觀非常開揚，南面可以望到河上鄉、上水、古洞一帶；從直升機坪向北面眺望，可以飽覽高樓林立的神州大地——深圳。只是一河之隔的香港，是綠油油的山嶺和一片片的魚塘，兩個地方差異之大相映成趣，卻不禁令人想像這一片綠色的緩衝區何時會抵不住發展的壓力而消失得無影無蹤呢？除此之外，各種軍事設施：軍營、瞭望塔、直升機坪、靶場，都會令人聯想到昔日守守衞森嚴的邊境禁區，可是人去樓空，現已變成遊客拍照的地方，很少人知道它的歷史故事。

靶場範圍驚心動魄

　　除了從原路返回之外，亦可以從變電站旁的小路沿山脊下山，沿途會經過分類靶場的範圍，進入靶場範圍時亦看到一塊警告牌警告遊人紅旗懸掛時切勿進入。雖然筆者遠足當日是公眾假期並非練靶日，但是進入靶場範圍時依然提心吊膽，只想儘快通過，不過當看到遠方的靶場沒有人時，便放下心頭大石。由於這段路並不是正規的行山路徑，所以路況會有點崎嶇，小心不要被斜路上的碎石滑倒，不過這段路的風景卻比上來的路優美得多。一路沿着山脊線走，經過墳場後接駁馬路，轉左即可回到河上鄉村的路口。

交通資訊

51K 小巴來往上水港鐵站及河上鄉。小巴站於上水港鐵站 A4 出口的天橋旁。

注意事項

路段經過的羅湖分類靶場屬軍事禁區，請留意政府公布或電台廣播關於射擊練習的日子，切勿於練習射擊的日子及紅旗懸掛時進入該範圍。路線僅供參考。

1_ 連接馬路的路口。
2_ 沿着河上鄉路走。
3_ 這裏設有公廁。
4_ 很多單車友和遊客在此歇腳。
5_ 籠罩着深圳市的霧霾。
6_ 上大石磨的小路。
7_ 破落的兵房。
8_ 相片右下方，是上水和梧桐河一帶。

尖尖尖之釣魚翁

釣魚翁是「西貢三尖」之一,高度為海拔 344 米,在山頂可以觀賞到將軍澳和清水灣一帶的景色。對比起另外兩尖——睇魚岩頂和著名的蚺蛇尖,釣魚翁的山形氣勢可能沒有那麼磅礡,可是釣魚翁勝在交通易達,路程甚具特色,又可以飽覽將軍澳市區和香港東南島嶼的不同風景,因此是不少人週末行山的首選。從釣魚翁下山到達終點布袋澳後,更可以參觀香港歷史最悠久的佛堂門天后廟和品嚐海鮮。

登上釣魚翁

在五塊田巴士站下車,過了馬路有一個涼亭,涼亭旁邊就是釣魚翁郊遊徑的起點。儘管開頭一段全部都是石階,走起上來卻不太費力,原因是茂密的叢林提供了樹蔭。不消一會便到了一片平原,很快便感受到從清水灣吹來的海風,過了這片平原到了一個交叉路口,從這裏開始的石階就比較陡峭了,要一鼓作氣地走到幾塊大石外露的地方。這裏有不少遊人在休息,景觀亦十分開揚,可以看見整個清水灣,亦可遠眺西貢半島的群山。接下來

的路都比較平坦易走,不時會看見郊遊徑和越野單車徑的交匯點,只要沿着郊遊徑走便可。走到一個標示着大廟和孟公屋的路牌,就會看見一個交叉路口,走左邊的路便會沿着釣魚翁的山脊走。這條路比較窄,有時要用手把樹枝撥開,有時會經過一片片茂密的竹林,到了比較空曠的地方回頭一看,又有一番新景象。通過小山丘的山頂後,便可以看到遠處的釣魚翁山頂。

從此處眺望,釣魚翁向着東面的一側是懸崖,險象環生。這裏可以看見行山客在陡峭的山徑上挑戰攻頂。跟着他們繼續前行,很快便來到山谷中的一片空地,可近距離看到釣魚翁的山頂。稍事休息後出發攻頂,雖然這段路上坡幅度頗大,有時候更要以手扶石過路,不過不消 10 分鐘便可以走到山頂。

看着山峰尖削的外形,或許大家都能意會到「釣魚翁」的名稱是怎樣來的。從北面看,山峰的形狀就像是一位瘦削的老翁彎着身子,面向南邊海水垂釣的模樣。清朝詩人許氏遊西貢時看到山峰有感而發,寫下一句「上洋行過下洋來,偶遇釣魚翁上台」;後人也跟着稱此山為釣魚翁。

釣魚翁頂無死角景觀

　　由於山頂在尖峰之上，山頂上的景觀可謂毫無阻隔，可以看到周圍 360 度的景色，西面可以看到將軍澳，東南面可以看到清水灣、布袋澳等地。所謂上山容易落山難，下山的路明顯比上山的路陡峭得多，不時需要手腳並用，建議在較斜的路段蹲下來走，以便保持平衡。看到一個交叉路口便來到了山腳，可以在附近的長椅休息一下。接着，跟着路牌的指示往大廟方向走，這段路開始時十分平坦，後面的一段是長長的石級，沿着石級一路下山，到了一處路口，從這裏可以在大坳門道方向中途退出，繼續的話便沿着大廟方向走。這段路絕對不容小覷，因為走了前大半段路，體力剩餘無幾，要再走一段落差接近 100 米的石級路，絕對需要耐力。

布袋澳漁村風光

　　翻過這座山後，便看到開闊的南中國海，在南面可以看到東龍島，東北面就是我們的終點——布袋澳。沿着石級下山 15 分鐘左右便會看見馬路，沿着馬路走，不久後便到了布袋澳村路的路口，走到路的盡頭便是布袋澳村。布袋澳村有濃厚的漁村氣息，有的村民住在漁排從事養魚業、有的製作鹹魚、紫菜等的加工品，頗有特色。從這裏可以在村口乘搭 16 號小巴到港鐵寶琳站。

1_ 釣魚翁郊遊徑的起點。
2_ 往大廟方向。
3_ 中途的一片平原。
4_ 郊遊徑和單車徑離離合合。
5_ 茂密的竹林。
6_ 東南面的景觀。
7_ 釣魚翁頂的三角網測站。
8_ 山腳的路口。
9_ 遠眺釣魚翁，這個角度看起來沒那麼尖。
10_ 中途退出點。
11_ 在廟前曬海草。
12_ 東龍島和南中國海。

環保小知識

　　走到山腰便可以看見新界東南堆填區，來往傾倒垃圾的垃圾車絡繹不絕。香港人平均每天丟掉 1.36 公斤垃圾，難怪堆填區在 2019 年便會被填滿。為解決燃眉之急，只好擴建堆填區。可是有部份的郊野公園會受到影響，為了保護我們僅有的郊野公園資源，我們可以支持回收垃圾、支持減廢。

交通資訊
乘 16/103/103M 號小巴或 91 號巴士到五塊田站後下車。

注意事項
釣魚翁南面較北面陡峭，走的時候要格外留神，最好扶着石頭或植物走，建議不要下雨天前往。

Chapter 2

城市綠洲

　　登山遠足需要一定體力，未必適合所有人。若要接觸自然，走訪城市綠洲是行山以外的一個絕佳選擇。香港的石屎高樓間，蘊藏着一片又一片綠地，是給城市人喘息的空間。此篇章介紹的路線皆在市區內，交通便利。雖然一些路段途經山徑，但相比行山的體力需求較低，小童和長者也能輕鬆應付。這個篇章旨在打破普羅大眾對香港「乏味沉悶」的觀感，在城市中央欣賞美景，為不熱愛行山者提供多一個選擇。假日抽空到城中綠洲逛逛，實在是有益身心之舉。

龍躍小西灣

小 西灣昔日是柴灣東邊一個杳無人煙的小海灣，位處香港島東部的盡頭。國共內戰爆發初期，小西灣因地利成為英、美、澳等國搜集中共情報的基地。八十年代末，香港人口膨脹，港英政府大規模填海並發展小西灣成住宅區，區內現今約有八萬人居住。以下的行程途經小西灣一座不起眼的後山，可謂城市綠洲，是當區長者舒展筋骨的好去處。

享受清靜海濱

行程的第一站是藍灣半島住宅旁的「小西灣海濱花園」，飽覽小西灣最為人津津樂道的「無敵海景」。對岸是佛堂洲綠化帶和將軍澳工業邨，建築密度低，遊人可享受海天一色的景致，清靜地感受海風吹拂。花園內有小型足球場，海濱長廊沿途建有康樂和健體設施，適合一家大小遊憩玩樂。

展開龍躍之旅

逛完海濱花園後，沿旁邊的石梯向上走，便會進入分岔路。其中一個路口豎立了「龍躍徑」的路牌，繼續往上走便到達第一個涼亭。遊人可稍作休息，順道欣賞柴灣山脈的壯麗景色。休息過後，繼續隨着平路走約 10 分鐘，便會到達「浪韻樂園」。樂園內的健身設施吸引不少居民前來強身健體。

浮雲偶遇 清風隨緣

　　一直沿着大斜路往山上走，盡頭便是歌連臣角道，路口一座涼亭前豎立了兩條圓柱子，刻有「龍躍樂園」和一對詩句：「浮雲偶遇，清風隨緣」。在山上遇見何人，碰見何物，好比清風浮雲，都是隨緣。龍躍樂園屬康文署轄下的歌連臣角道花園的範圍，內有平台和長椅，供遊人眺望將軍澳及鯉魚門的景色。花園對面則是「晨樂亭」，有些熱心人免費提供山水泡的茶，供行山人士茗茶。

登砵甸乍 遠眺山景

　　龍躍樂園標誌着龍躍徑的終結。若體力尚可，不妨挑戰砵甸乍山郊遊徑的 500 石級。然而，道路狹窄和傾斜度高，較少登山經驗者宜扶着欄杆慢走。20 分鐘後到達「觀海亭」，如果想遠眺東龍島和獅子山，也可以往山上走 10 分鐘前往「砵甸乍山觀景台」，感受杜甫「一覽眾山小」的快慰。

1_ 海濱花園的小型足球場。
2_ 香港難得一片樓宇稀疏的海景。
3_ 石梯為龍躍徑的入口。
4_ 龍躍徑至大浪灣路段的地圖。
5_ 龍躍徑的大路。
6_ 古色古香的觀海亭。
7_ 登頂遠眺離島景色。
8_ 浮雲偶遇，清風隨緣－在龍躍徑上偶遇的山客，或許都是緣份安排？

9 10

11

軍事設施 歷史腳印

　　「觀海亭」外有一個十字路口，遊人可分別前往大浪灣、歌連臣角道或馬塘坳。若大家有興趣探尋昔日的軍事設施，可以先往歌連臣角道方向走。路途中經過一座守衞森嚴的深紅色建築物，它是歌連臣角懲教所，為青少年提供在囚教育。懲教所附近有一條上半山的車路，通往已荒廢的探射燈碉堡。另外一條小路，可通往黑角頭英軍發電碉堡。在歌連臣角道也可遠觀黑角頭燈塔。

　　二戰中期，日軍已佔領九龍和新界。兩座歌連臣角探射燈碉堡建於 1930 年，用作照射石崖和海面，防止日軍搶灘、入侵維港。如今戰爭經已結束多年，只留下這些建設，成為了歷史的腳印。也許作為長期在香港生活的你，也不清楚此處有戰地遺跡。為了令這些遺跡能夠繼續保留其存在的價值，就要靠我們探索找尋，不讓它們在人們的記憶中消逝。

12 13

🚌 **交通資訊**
在港鐵柴灣站 C 出口乘小巴 47M 往小西灣海濱花園，或乘坐九巴 118 號到藍灣半島。

ℹ️ **注意事項**
若沿路遇上野豬，遊人應避免觸碰和餵飼牠們，然後鎮定地離開。

滑浪勝地 遠古石刻

前往大浪灣的路是下山路，大概花半小時走完。途中有很多休息點，每 10 分鐘路程就有一座涼亭。續走到「大浪亭」，代表已經進入大浪灣的範圍。想要滑浪不成真要到夏威夷去嗎？香港自己的滑浪勝地就是大浪灣。位於港島東岸的大浪灣被譽為香港最美麗的沙灘，水清沙幼，面向太平洋的景觀一絕。在 2006 年，極度瀕危的綠海龜在大浪灣誕下 80 隻龜蛋。海龜和其他海洋生物也受垃圾影響，儘管政府的承辦商會定期進行沙灘清潔，但大家也應多出一分力，幫忙撿走附近的垃圾，保護海洋生態。

大浪灣可謂灣如其名，呈 U 字型的海灣浪濤洶湧，無怪成為香港的衝浪勝地。縱使不好水性，也可以坐在幼沙或茶座，觀浪、聽浪、感受海風，同樣是說不出的自然和悠閒。香港人，放輕鬆！

1970 年，警務人員發現大浪灣附近有一塊古代石刻，現列作香港的法定古蹟。石頭隱約可見刻有幾何圖紋及抽象的鳥獸紋，相信是早期漁民在海濱刻劃石頭，以求鎮撫怒海、保佑出海漁獵平安。根據考古人員的研究，石刻可追溯到新石器時代。香港如此難得有這些古蹟文物得以保存下來，值得大家好好對待，讓歷史文化得以傳承下去。

9_ 歌連臣角方向的路段。
10_ 自然界的秩序不要隨便擾亂。
11_ 沿途可欣賞壯麗的海景。
12_ 大浪灣是游泳和水上活動的熱點。
13_ 浪濤洶湧，適合滑浪。
14_ 通往大浪灣的遠古石刻的路段。
15_ 通往大浪灣的下坡路。

14

15

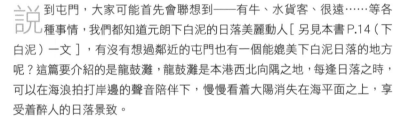

新界西日落勝地· 龍鼓灘

說到屯門，大家可能首先會聯想到——有牛、水貨客、很遠……等各種事情，我們都知道元朗下白泥的日落美麗動人[另見本書 P.14（下白泥）一文]，有沒有想過鄰近的屯門也有一個能媲美下白泥日落的地方呢？這篇要介紹的是龍鼓灘，龍鼓灘是本港西北向隅之地，每逢日落之時，可以在海浪拍打岸邊的聲音陪伴下，慢慢看着太陽消失在海平面之上，享受着醉人的日落景致。

享受一趟遠離城市的小旅行

倘若有一個空閒的下午，又剛好在新界西的話，就去一趟龍鼓灘吧！因為沙灘與市區有一段距離，想要看日落的話最好就先預留一小時從屯門市區坐車前往，在車上看到左手邊發電廠的煙囪的話表示快到了！車站就在沙灘旁邊，下車以後就可以馬上奔往沙灘。因為遠離市區的關係，平日來的話沙灘人流較稀少，配上沙灘上的小橋、廢棄的小船、以及各種樹枝木頭，很容易拍攝到各種各樣的唯美照片。再加上附近無高樓大廈阻擋視線，所看到的景色就更開揚了！另外，龍鼓灘附近設有中華白海豚瞭望台，假如好運並手握望遠鏡，說不定能目睹牠們的風采。

龍鼓灘附近有燒烤場，所以此處亦是和三五知己聚會的好地方。此燒烤場坐擁無敵大海景，環境清靜之餘景色優美，在這裏渡過一個悠閒的週末也是一個不錯的選擇。

黑沙引領到的聯想

　　不過，許多人都發現龍鼓灘的沙是黑色的，看起來有種特別憂傷的感覺。說到黑沙，有人說是因為附近發電廠排出的污染物所導致，然而有附近居民則指出黑沙早已存在了。不管黑沙出現的原因是什麼，這也提醒了我們龍鼓灘附近確實充滿種種的厭惡設施，包括兩個發電廠、一個堆填區、一個污水處理廠，未來還有另一個更大堆填區、以及兩個焚化爐將要落成。隨着愈來愈多處理廢物的設施建成，以及機場第三條跑道及港珠澳大橋等各種配合城市發展的基建，不但加重該區水質及空氣污染的問題，甚至有機會讓此區域成為全港污染最嚴重地方。到底要如何平衡城市發展與生態保育？這實在是每一個人都應該要深思的問題。或許我們能做的不多，但多關注這些議題至少可以提醒我們在日常生活中養成各種環保的小習慣，為保護環境出一分力。

1_ 龍鼓灘有小船枯枝，要拍到好
　　看的照片並不難。
2_ 除了拍大自然外，龍鼓灘也是
　　個拍人像照片的好地方。
3_ 耐心等候，可以看見太陽慢慢
　　消失在海平面之上。
4_ 天氣好，碰上 Magic Hour 景色
　　更加漂亮。
5_ 在另一個角度觀看沙灘，彷彿
　　有一份外國風情。
6_ 龍鼓灘美麗的景色吸引了不少
　　攝影愛好者。
7_ 前往龍鼓灘沿路會看到發電
　　廠。
8_ 若天公不做美，聽聽海浪聲也
　　是件樂事。
9_ 看到發電廠表示快接近沙灘，
　　要準備下車了。

我們可以共同做的事

　　除了黑沙以外，另一個龍鼓灘備受關注的焦點是沙灘驚人的垃圾量。儘管食環署有安排每星期一至三次的定期清理工作，不過沙灘總是面臨源源不絕飄洋過海而來的垃圾。值得慶幸的，是我們的社區有很多團體自願參與清潔沙灘的工作；留意政府網頁的話，可以看見每個月均有不同團體於不同沙灘進行海岸清潔活動，假如時間許可，不妨在遊覽時順道參與這些活動，一舉兩得。

🚌 交通資訊

於港鐵屯門站 C2 出口轉乘港鐵巴士 K52 至龍鼓灘站下車，回程上車的地點在下車的地點對面。

ⓘ 注意事項

乘搭公共交通工具前往龍鼓灘需時較長，倘若想在最合適時份觀賞日落須預留足夠時間前往該處，在屯門站出發車程約 45 分鐘。

低碳
路線
地圖

低碳路線資訊

慈雲山北巴士總站 → 慈雲山觀音廟 → 沙田坳道 →
獅子亭 → 沙田坳燒烤區 → 博康邨 → 沙田圍站

約 2 小時

https://goo.gl/WEWkV2

慈雲山到沙田古道

五六十年代，公共交通發展尚未成熟，居民會步行來往慈雲山和沙田。這次行程讓大家體驗徒步跨越九龍新界兩區，沿途欣賞九龍、沙田的景色，淺嘗「慢活」的滋味。此外，旅途間可參觀歷史悠久的慈雲山觀音廟。全程約兩小時，前段以樓梯為主，往後下山的路則較輕鬆。

從石屎走進樹林

乘車到慈雲山（北）巴士總站後，沿多層停車場旁的石屎樓梯往上走約 40 級，然後沿石屎路走和上斜便會到達「長命梯」——也就是連續上百多級樓梯的挑戰。當四周由灰沉的石屎慢慢變成樹木和竹子，大家和大自然的距離亦逐步拉近。攀上長梯後，殘舊的土地公神位映入眼簾。旁邊還有一張石椅，供遊人歇息。

休息過後，再走十多分鐘樓梯便到達一片不平整的石屎地，旁邊擺放了一堆雜亂的石柱。原來這裏曾經是過路亭，但已被拆卸，散件擺放置在路邊。再往前走會經過一條別緻的小石橋，走到橋的另一端便會到達慈雲山觀音廟。廟宇的入口處豎立着宏偉的牌額，前後分別寫着「慈雲勝地」和「回頭是岸」。

觀音廟的由來

為何山間建有觀音廟？什麼人會特意上山供奉？相信大家都有這些疑問。根據考古研究，慈雲山至沙田的山路是宋代商人運鹽往內陸的驛道。鹽商一直沿用驛道至清代，當中虔誠的商人於 1853 年集資興建觀音廟，供奉觀音，祈求旅途順利。廟宇規模不算大，但背山面海、風水良好。後來歷經戰火，廟宇殘破不堪。直至 1975 年，廟宇經東華三院修葺，變成今天的模樣。

祈求姻緣財富

平日前往廟宇參拜的人流稀少，只有每年的「觀音開庫」寶誕吸引較多善信前來參神。近年，廟內的兩塊寶石經傳媒廣泛報導，吸引更多年輕人慕名而來。「水月宮」旁的樓梯通往「姻緣石」和「照寶石」。相傳，善信可在兩塊石頭的石縫分別窺看未來的如意郎君和巨額財富。大家可於元宵佳節帶同伴侶到姻緣石，祈求愛情順利。

離開觀音廟後，繼續拾級而上，便會到達登山常客打造的小型樂園。樂園設有石椅和圓枱，還有人工魚池，養了幾條錦鯉。這是晨運客聚腳之地，據聞他們間中在此打麻將，不亦樂乎。消遣過後，走樓梯至車路，即沙田坳道。順着車路上山，古色古香的紫竹亭和獅子亭相繼映入眼簾。站在獅子亭內，大家能飽覽九龍半島密集的樓宇，有居高臨下的氣勢。

獅子亭位處多條山徑的交匯點，包括沙田古道、麥理浩徑和衛奕信徑。十字路口設有大型公廁和士多，是設備齊全的補給點。大休過後，大家可循衛奕信徑地圖牌右邊的梯級啟程下山。沿路樹林茂密，更有天然溪澗，與自然融為一體。10 分鐘後會經過沙田坳燒烤區。再走幾步，可俯瞰沙田市中心和沙田圍的景色，前排樓宇主要是公共房屋。相較獅子亭內看到的景色，大概觀察到整體沙田區樓房的高度和密度比九龍半島低。

繼續沿着蜿蜒的小徑下山，便會到達馬鞍山郊野公園的門牌。穿過牌額代表離開郊野公園，然後循馬路下山，直至到達博康邨，轉瞬即到達沙田圍站。這趟穿梭九龍新界的古道遊完滿結束，遊人可乘鐵路離開。

這是一段融合歷史文化與自然環境的步道，不管大家的愛好是認識文化、享受自然、還是俯瞰高樓，這古道都是不二之選。

1_ 樓梯旁的風景愈來愈貼近自然，沿路被竹子和樹木包圍。

2_ 多層停車場旁的石屎樓梯是行程的起點。

3_ 牌額的後方，告誡大家回頭是岸。

4_ 立足獅子亭，一覽九龍石屎森林的全景。

5_ 晚間沙田市中心和沙田圍的景色。

6_ 廟宇內的金色觀音像。

7_ 紫竹亭為一個過路亭，屬觀音廟的延伸部份。

🚌 交通資訊

乘坐九龍巴士 2F、3C、3M、3X、15A 線，城巴 N23 線，過海隧道巴士 302 線前往慈雲山（北）巴士總站，或從港鐵黃大仙站沿沙田坳道步行上慈雲山。

❗ 注意事項

慈雲山觀音廟的開放時間為 09:00 至 17:00。三個誕慶節日為觀音開庫（農曆正月廿五至廿六）、觀音誕（農曆二月十九、六月十九、九月十九、十一月十九）和萬佛誕（農曆四月初八）。

低碳路線地圖

https://goo.gl/GLnUYv

低碳路線資訊

大圍港鐵站 → 城門河畔 → 科學園 → 吐露港海濱 → 大埔 →
大埔公路 → 粉嶺公路 → 粉嶺 → 上水 → 梧桐河 → 羅湖 → 原路回程

約 6 小時

一路向北·大圍羅湖單車遊

平時踏單車大家會想起那些路線呢？大尾篤？沙田？這次介紹的路線比較特別和富有挑戰性，由大圍至羅湖來回大約 50km，就算乘搭港鐵或汽車的話也大概需要一小時。在日常的交通工具上，大家可能甚少留意到窗外的景色，可是當你在單車上走同樣的路程，可以看到吐露港、新界北鄉郊的景色，在節奏急促的城市中享受慢活。

從城門河畔到科學園

從大圍站 A 出口旁單車徑出發，大約 100 米左右便到第一個分岔路，向右邊走，未幾就會看見一條行人天橋。過了這條橋後轉右走，不消一會就到了香港文化博物館。過了隧道後開始沿着城門河走，這段路上一路有林蔭，頗為寫意。單車路沿途有人遛狗、有人慢跑，十分悠然自得。要注意的是這段路比較窄，假日時遊人甚多，亦要留意迎面而來的單車，儘量靠左行駛。去到城門河口附近，轉左沿着沙田污水處理廠走，過了馬路之後，便是開闊的單車路，單車速度可以稍為加快。這段路上的幾條隧道單車可以直接進入，隧道斜坡帶來的加速感，確實刺激。

吐露港風光

通過最後一條隧道的時候，便進入了科學園的範圍。這是一條闊而直的單車路，追求速度的人可以在其他人的右邊呼嘯而過，享受悠哉悠哉踏單車的人可以在左邊慢慢踩。途中有不同的補給站、汽水機和公廁等等，配套非常完善。而沿路一直可以看到開闊的吐露港，天氣好的時候更可以遠眺船灣淡水湖的主壩以及慈山寺的觀音聖像。過了吐露港之後很快便來到了大埔，首先會見到大王爺廟，在廟前的路口轉右進入元洲仔公園。過了隧道之後，轉左沿着完善路走，再左轉至汀角路，一直沿着汀角路走，途中會經過富善邨，可以在富善商場稍作休息和補給。

大埔公路至粉嶺

再繼續沿着汀角路、汀太路的單車路走，走到這段路的盡頭，是一個十字路口，到了這裏過馬路接駁另外一條單車路，沿着這條單車路一路走不久，就會接駁大埔公路。這段路時有暗斜，走起上來有點吃力，而且單車路窄貼緊馬路，要打醒十二分精神，不過沿着林村河和火車軌道踏單車也別有一番風味。到這段路的盡頭轉右進入隧道，過了馬路便進入粉嶺公路段，經過一段開闊的路後，便到了一條天橋。下車推車上天橋後，轉右下天橋接駁另一條單車路，這段路的盡頭又有另外一條天橋，過了這條天橋即可接駁另外一條單車路，這段路上亦有兩個油站可以補給和休息，之後便到了粉嶺。

粉嶺至梧桐河

到了粉嶺之後一路沿着馬會道走便可到達上水，到了馬會道和寶石湖路的交界轉左往寶石路，當踩至和彩園路的交界時轉右轉入彩園路，彩園路盡頭的左邊有一條天橋，過了天橋轉右沿着石上河一路走。這條路的左邊便是塱原濕地，再一路向前行經過雙魚河後，轉左前往河上鄉，轉右則一直沿着梧桐河到邊境禁區附近。注意過了天橋之後一段路沒有街燈，如果決定夜遊，要留意石壆和減慢車速。

大水管

梧桐河的對岸便是近來熱門的拍攝地點大水管，這些水管就是輸入東江水的水管，是文青拍攝的不二之選，亦提醒我們飲水要思源吧！

河上鄉

河上鄉設有公廁和士多等設施可供休息和補給之用，亦有一家標榜$12任飲任食豆漿豆花的商店值得一試。村中亦有一座建於明末間的居石侯公祠，供有新界侯氏歷代祖先牌位。

邊境禁區牌

　　沿着梧桐河馬路的盡頭有一個寫着「前面邊境五百米」的路牌，從這裏可以遠眺羅湖口岸和深圳市的高樓大廈，和一河之隔的香港有很大反差。30年前的對岸還是和新界一樣是鄉郊地方，現在已發展成高樓大廈林立的市中心。雙魚河、梧桐河和塱原濕地都是富有生態價值的地方，究竟城市急速的發展會否連這一片小天地也被吞噬掉呢？

租單車

日間租車，可以到大圍D出口附近的單車店租車，假日和平日的收費不同，請致電查詢。

· **新華南單車**

地址：大圍海福花園商場15&15A地下
電話：2601 4105
如需通宵租車，可以在大圍A出口到積福街的益記單車租車，留意要記錄身份證號碼和電話號碼，亦要記得保管好單車鎖以供中途休息和還車時使用。

· **益記單車**

地址：大圍積福街
電話：6249 8849

踩單車有幾環保？

如果以上的路程以汽車來代步的話對環境會有多大影響呢？汽車會產生比單車多五倍的二氧化碳，使用多30倍的能量，而且汽車會排放出一氧化碳、氮化物等的污染物。汽車為我們帶來方便，卻為大家帶來空氣污染，影響健康。所以如果路程不長，不妨嘗試以單車代步，為自己的健康和環保出一分力。

交通資訊

從港鐵大圍站出發，單車徑起點於港鐵站A出口。

① 注意事項

· 踏單車請佩戴頭盔。
· 不可以在行人路上踏單車。

13 **14** **15**

10_ 大埔公路。
11_ 沿粉嶺公路的單車路。
12_ 河上鄉豆腐花。
13_ 益記單車。
14、15_ 晚上踏單車要配備車頭燈和車尾燈，車頭燈白光，車尾燈紅光。

河背水塘・仙境治癒之旅

鄉村荒校

乘 71 號小巴進入錦田八鄉範圍，在高密度的市區居住的朋友可能會像發現了新大陸一樣——四周既是山土林木，還有不少三層村屋，鄉村風味十分濃厚。甫一下車，就見到一間矚目的平房，探頭細看才知道是所已荒廢的村校。新界的村校大多在 1950 年代初建成，也就是香港仍未蓬勃發展的年代，交通不便導致鄉村子弟難以在市區讀書，於是政府和鄉議局建立鄉村學校。河背的育英學校建於 1951 年，在 2002 年結束。

走進這所荒校探索，會感覺到濃厚的舊時代鄉村味道（但筆者回程的時候在荒校外面等候小巴，其實也有一種濃厚的陰森恐怖感覺），這個小規模的校園，旁近大自然，也許沒有先進的教學設備，但也自然沒有城中大型小學的壓迫感。筆者問近附近的村民，現在小朋友讀書都往哪兒去？他們説，現在的小朋友每天都要舟車勞頓坐巴士、小巴、校巴到市區上學。看到學校門口「爭取重開『育英學校』關注小組」的牌子，也許活化這所村校，給附近鄉村的小朋友是個好主意？

河背仙境

　　在育英學校探索過後，便可往左方的斜路上山，上山的路坡度較平緩，是一條非常輕鬆的路徑。走至一個分岔路口，跟指示牌的方向右轉上山，不久後便會到達水塘。若要把水塘的全景留作一道飯後甜點，也可以繼續往前走，透過家樂徑圍繞水塘一圈。但筆者是個急性子，把水塘視作主菜，毫不猶豫地走下水塘的路徑，一眼掃過去，心情豁然開朗。

　　河背水塘位於元朗八鄉錦田河上游，屬於大欖郊野公園的一部份，是水務署管轄範圍內最小的水塘。河背水塘於六十年代建成，為八鄉農民提供灌溉用途。河背水塘有什麼冠絕全港的特色？就是水塘擁有全港唯一的 S 型水壩。水塘中央的小島被翡翠綠的湖水和樹木所包圍，環境清幽寧靜，漫步其中，心也會平靜下來，水靜時還可以拍到「天空之鏡」。

　　若是曾經到過其他水塘遊玩，便會馬上感覺到河背水塘的小，環視 180 度已經幾乎盡覽水塘全景；空間細小並不造成感覺的落差，河背水塘反倒顯得特別秀麗。若說在其他大水塘，大家會加快腳步地走，欲飽覽水塘各處景色；在河背水塘，反而會放慢腳步，在水壩來回踱步，細細雕琢水塘全貌，塘中有一座小島，不知是否誰的臥床呢？

　　面前是靜靜流動的碧綠，背後則是一瀉而下的堤壩，氣勢好不磅礡，大家探頭俯視水壩亦記得不要大力依靠欄杆，避免發生意外。對比起其他遠足熱點這裏人不多，所以可以「獨享」一片美景，盡情拍照留念，十分適合愛拍照又怕人多的朋友。

1_ 育英學校經已變成「爭取重開『育英學校』關注小組」。
2_ 育英學校經已顯得殘破。
3_ 一個單純的球場印證了以往樸素的校園生活。
4_ 前往水塘中的一個秀麗的小瀑布。
5_ 水壩氣勢宏大。

🚌 交通資訊

元朗泰衡街乘坐專線小巴 71 往河背村，沿往河背水塘方向指示牌步行約 20 分鐘即到達。

⚠ 注意事項

小巴站附近有士多，可預先購買飲品或乾糧，供旅途上補充體力。

4

5

中區自然徑

減碳小提示

素食是減碳環保的重要一環，午膳想不到吃什麼的話，可試試選擇提供素菜的餐館，因為素食是減碳的重要一環。肉食產業排放的溫室氣體佔全球 18%，一頓牛扒飯大約產生 2.5 公斤二氧化碳。每週一頓飯改為茹素，可節省起碼 2 公斤碳排放，一年便能減少 104 公斤碳排放，即等同汽車駕駛 400 公里的排放了。

一般遊人到山頂遠足或許會選擇盧吉道，俯瞰雲海和港島全景。盧吉道假期經常擠滿行人，想寧靜地走一趟的話，則可以選擇舊山頂道。由舊山頂道至纜車徑的路程全長 1.7 公里，需 2 小時完成，主要為下坡路，輕鬆易走。路段的景色不遜於盧吉道，而且別具新鮮感。雖然山徑較狹窄，但勝在沿途綠樹林蔭，埋藏着獨特的景色和古蹟，適合一家共享天倫。

城市綠洲

從金鐘站出發，先到附近午膳，補充能量後才繼續行程。吃畢午飯，可順道遊覽附近的香港公園。園內的觀鳥園和保育園地，展現香港的物種多樣性，可謂城市綠洲；這裏週末更有藝趣坊市集。對藝術感興趣的朋友，亦可到訪旁邊的香港視覺藝術中心。

離開香港公園，便到鄰近的纜車站乘坐山頂纜車，價錢實惠之餘，可在 45 度傾斜的車廂欣賞維港美景。纜車到達山頂廣場後，從凌霄閣旁邊的梯級拾級而下，然後右轉進入舊山頂道。舊山頂道是平整的石屎路，沿路有舊式街燈和涼亭。

1_ 香港公園確實是城市綠洲，打破商業世界的死寂。
2_ 轉入舊山頂道一旁的建築物。
3_ 舊山頂道的古典街燈，更添優雅。
4_ 高聳入雲的商業大廈。
5_ 充滿殖民色彩的白加道纜車站。
6_ 紅磚外牆的政務司司長公館為二級歷史建築。
7_ 樹影林蔭的中區自然徑。
8_ 世界自然基金會訪客中心，是否和政務司司長公館有點相似。

交通資訊

從港鐵金鐘站 C1 出口，跟着指示牌乘扶手電梯前往香港公園。在公園內往香港公園體育館方向走，越過紅棉路便可到達花園道山頂纜車站。

注意事項

在白加道纜車站拍照時須注意安全，切勿站得太近軌道，妨礙纜車行駛。

英式殖民風采

一直順着大路走，便會來到舊山頂道與白加道的接合點。白加道以白加爵士命名，表揚他出任香港英軍司令期間的貢獻。沿着白加道走，首先會經過白加道纜車站。此車站為山頂纜車的中途站，但距離山頂僅 1 分鐘路程，所以纜車很少停在此站。近距離觀看纜車上山也算一樂事呢！此外，大家可欣賞車站的英式拱門設計，和香港島壯闊的景觀。

再往前走 10 分鐘，就會看到一幢紅磚外牆的建築物。它是政務司司長公館，即政務司辦公和居住之處。具 65 年歷史，富新古典主義建築色彩，被列為二級歷史建築。公館的原址為舊域多利醫院，其主樓拆卸後改建成公館。醫院的產科翼樓被保留下來，現在是政府宿舍。

中區自然徑

繼續下坡走，不久看見一面滿佈青苔的牆壁，這裏就是中區自然徑的起點。沿路被樹木環抱，如果找到樹枝較疏落的位置，可在枝葉間俯視中西區的商業大廈；行人如螻蟻，站於山上也感受到國際金融中心的壓迫感。

中區自然徑最後接上纜車徑，通往繁忙的城市。纜車徑主要以石級組成，身旁的風景隨着石階下降，由樹木變成汽車。世界自然基金會訪客中心位處旅程的終點，大家順道到中心了解世界自然基金會的保育工作之餘，亦可購買環保產品，例如純天然洗髮水，減少環境污染。

香港仔水塘

香港山多地少，沒有大河流，在東江水還未供港前，自來水都是儲存至大大小小的水塘。隨着人口增長，水塘愈建愈多，由早期在山峽建壩積水的水塘，到後期在海灣築堤，抽乾海水形成的大型水塘，如萬宜水庫和船灣淡水湖等等。它們除了盛載食水以外，也紀錄着香港繁盛背後的故事。有一些較古老的水塘，更是當時世界知名的工程，這些水塘的堤壩和古橋，到今時今日仍然良好地保存下來，成為香港珍貴的古蹟。週末的時候，不妨到這些水塘走走，除了可以輕鬆地親親大自然，也可以窺探一下香港的殖民歷史，何樂而不為呢？

歷史知多點

香港共有十七個食水水塘，其中位於港島區的便有七個。港島區是香港首先發展的地方，自第一個水塘（薄扶林水塘）於 1863 年落成後，隨着人口增加，食水水源成為了讓當時政府頭痛的問題。於是政府不停地在港島覓地興建水塘，可是因為山勢和地不多的關係，水塘都不能太大；像香港仔水塘系統一樣，有些水塘系統分開了兩期修建，成為了上水塘和下水塘，其中大潭水塘更是由四個不相連的水塘組成。

灣仔自然徑

　　這次的旅程，當然不是只是行水塘這麼簡單啦！想參觀水塘，又想多做運動的朋友，可以從灣仔出發，經過灣仔峽，再沿香港仔水塘道行至水塘，並以香港仔為旅程的終點。

　　由灣仔地鐵站出發，經過灣仔街市便進入僅讓行人通過的灣仔峽道。灣仔峽道設立了自然教育的設施，成為灣仔自然徑。這裏遊人眾多，有很多是週末來散步的家庭或是緩步跑的人士。初段的道路斜度很大，都是樓梯或斜路，如果夏天行的話都頗為吃力。但是沿路有很多指示牌，標示着路旁植物的資料。大家可以花時間停下來，欣賞和認識一下城市裏的花草植物，整趟旅程就變得不辛苦和有意義了。

　　慢慢上升約 45 分鐘以後，便會到達寶雲道公園。寶雲道是港島區有名的緩步跑徑，聽説以前許多高官都在這裏做運動呢！在公園裏有涼亭和公廁，可以稍作休息，整裝待發後才進入下一段路。走完最後一段灣仔自然徑之後，便會到達港島半山多條道路的分岔口。這裏有一個警察博物館，如果大家對警察的歷史有興趣，不妨入內參觀。參觀過後，大家可以沿金馬麟山道的方向

水塘歷史

　　這篇介紹的香港仔水塘，系統上分為「香港仔上水塘」和「香港仔下水塘」兩部份，而特別的是，它們兩個並不是一起被規劃的：香港仔下水塘建於 1890 年，而上水塘則是下上塘的延伸，於 1931 年建成，前後相差了 40 年呢！下水塘在以前其實是一個私人水塘，由南區的一間紙廠自資興建。由於當時政府的食水網絡並未覆蓋南區，造紙廠的私人水塘就義務供水給鴨脷洲和香港仔的居民。後來港英政府花下數十萬向紙廠買下整個水塘，成為政府供水網絡的一部份。之後，政府工程師在水塘的上游位置設計了一個容量更大的水塘，是為現在的香港仔上水塘。

1＿ 灣仔自然徑的起點。
2＿**3**＿ 自然徑沿途設有標示牌介紹植物。
4＿ 自然徑的斜度很大，需要一定的體能。
5＿ 金馬麟山道的分岔口。
6＿ 在金馬麟山道前行一小段，右轉便開始下山的路程。
7＿ 從峽頂往下眺望香港仔，朦朧的城市挺有「仙氣」呢！

出發，右轉香港仔水塘道，開始下山。在樹蔭的罅隙中，可以眺望香港仔水塘、香港仔和鴨脷洲的景象；在大樹的襯托之下，好像柳暗花明又一村般，總教人期待往後的路程呢！跟着輕鬆下山的石屎路走，很快便會到達香港仔上水塘的水壩了。

宏偉的古蹟

　　上水塘的提壩雖然不長，風光卻美麗如畫。左邊的水塘潭水湖藍，平靜如鏡；右方的山谷景象，配合日光映照和樹的翠綠實在令人心曠神怡。別小看這條 1931 年的水壩，作為二戰前年代最後的水務建築，其保存狀況相當良好，而且受歐洲建築風格影響，設計特別，因而連同旁邊的泵房被列入法定古蹟。水壩由當年水務處工程司軒德蓀（Mr. R. M. Henderson，他後來當上了工務司）親自設計，可以反映出當年政府的能力和為民建設的雄心。這條水壩除了提供食水之外，還盛載着豐富的殖民地歷史；如果我們不好好認識和保存的話，這些歷史都會被時間沖刷掉，實是可惜。

8、9_ 前往水壩的道路。
10_ 下午的斜陽映照群山，與水塘互相輝映。
11_ 波平如鏡的香港仔上水塘。
12_ 堤壩古蹟的廬山真面目。
13_ 下水塘的堤壩。
14_ 下水塘面比上水塘的面積小，更為恬靜。
15_ 行程的終點是香港仔水塘道。

下水塘

在堤壩的入口處附近，有一條小徑下降到下水塘。在第一個分岔路左轉，便可以近距離觀賞這座古蹟的廬山真面目。水壩雖不寬但很高，淡淡的紅色彷彿象徵着歷練老成，夏日水位上升，洪水滿溢的時候更是雄偉壯觀。往水壩延伸的石橋是拍照熱點，石橋其實也是法定古蹟，以石塊建造的橋拱和扶手，以當時的技術來說，已是巧奪天工之作了。返回林蔭的主徑繼續前行，不消一會就到達下水塘的提壩。下水塘雖然沒有上水塘那麼大型，遊客亦沒那麼多，可是清幽簡樸，又是截然不同的風味。

接回香港仔水塘道馬路走，經過這一段香港最陡峭的行車道路，很快便到達香港仔市中心，亦是這趟行程的終點。城市、山、樹林、水塘、古蹟、城市，我們用腳步縱貫走過香港島，看見城市逐漸變成郊野的漸層，也看見城市和郊野之間互補不足、和而不同的關係。香港是彈丸之地，有人說不夠發展的空間，局限了發揮的潛力；但換個角度來說，香港正正就是這麼細小，才可以容納這麼多元化的大小事物；這才是我城的魅力所在。

🚌 交通資訊

於灣仔港鐵站 A3 出口沿太原街步行至皇后大道東路口，過馬路到對面的灣仔峽道開始行程。

⚠ 注意事項

灣仔自然徑一段為長命斜坡，雖有樹蔭但頗為吃力，請帶備充足食水補給。

山頂公園遊

山頂除了逛凌霄閣、走山徑外,還有什麼選擇?大家未必知道山頂隱藏了多個風光明媚的公園,而且輕鬆可達。這裏有維多利亞式的涼亭和廣闊的草地,大家來到這裏,恍如進入歐美國度一樣。

野餐談心勝地

從山頂廣場出發,沿着柯士甸山道一直上山走約10分鐘,便會到達第一站——柯士甸山遊樂場。遊樂場入口處種滿五彩繽紛的花圃,營造了群花環抱的感覺。步進公園首先看到一個中式小涼亭,可容納四人談天。

中式涼亭前的小徑通往維多利亞式大涼亭,頂部裝有設計別致的古式風向儀。旁邊的草地有少女在野餐,也有家庭帶小帳篷來閱讀、寫生等。遊樂場另一旁的啡紅色磚頭房屋是拍攝熱點,但往內裏一看,竟然是公共廁所呢!不要緊,廁所外還有歐陸式噴泉和花盆,讓大家感受歐洲貴族的氣派。這公園和我們平時看到康文署轄下的公園極為不同,原來這裏是港英時期港督的私人後花園,甚具歷史價值。

港督別墅化身公園

繼續沿柯士甸山道走20分鐘,經過一段斜路和石級後,便會看見一所古色古香的藍白色小屋,即山頂公園的入口。山頂公園原身是於1902年建成的蘇格蘭式港督別墅,供總督夏天避暑渡假。然而,別墅受到第二次世界大戰摧殘,大部份建築被拆卸,只剩下守衞室和花崗岩基石。其後,政府於1950年把港督別墅改劃成公園,成為市民的遊憩地方。七十年代初,政府在公園加設數個維多利亞風格的涼亭,因此吸引更多遊人前往。1978年,專家尋回別墅的碑石,將其豎立於公園東北面作紀念。

藍白小屋蘊藏戰爭歷史

充滿歐陸風情的藍白小屋別樹一格，自然成為遊人最愛打卡拍照的熱點。這所小屋正是戰爭後別墅僅餘的守衞宿舍，見證香港二十世紀初的興衰，於 1995 年被列作法定古蹟。房子採用新古典風格建設，展現古希臘和古羅馬嚴謹的建築結構。另一建築特色是守衞室的圓牆角，比一般尖角的樓宇更顯優雅。可惜小屋現時不對外開放，僅作職員儲物用途。

山頂公園分成多片大草地，散落在山上不同高度的幾個位置，以石路連接着。在守衞室旁拾級而下，隨即到達第一片被樹木包圍的草地。這裏有三個不同建築風格的涼亭，其中方形涼亭有仿古希臘柱子，別具特色。淺藍色圓頂的涼亭連接着石階，通往另一塊同樣被樹木圍繞的草地。

再依循石路往上走，就是山頂公園的核心所在。這片草地的中央建了一個維多利亞式的六角形涼亭，涼亭東、南、西、北方向分別以花草砌成對稱的幾何圖案，四個方狀花圃恰好包圍着涼亭，形成優美的中央花圃。每逢週末，公園的英式庭園景致都吸引不少遊人拍攝家庭照和婚照。這邊更是寵物公園，歡迎狗隻進入，有養寵物的朋友就切勿錯過啦！

公園旁邊有白色和橙色為主的山頂涼亭，供眺望港島區一帶的壯麗景致。大家可於涼亭旁的小食亭補給野餐食物。但謹記自行把垃圾帶到山下才扔掉，減省工友上山清理垃圾的頻率。最好當然是挑選少包裝的食物，或提早預備食材，先在家裏拆除包裝。山頂公園十分接近太平山頂，體力充足的朋友再往上數十米，便可登上太平山頂觀景台，飽覽更壯闊的景色。

1＿ 柯士甸山遊樂場入口附近的中式小涼亭。
2＿ 古典噴泉帶有貴族氣派。
3＿ 柯士甸山道初段有一面指向「山頂公園」的路牌，沿着路牌方向走不久便到達柯士甸山遊樂場。
4＿ 維多利亞式大涼亭頂部裝有風向儀。
5＿ 見證時代更替的藍白色守衞室。
6＿ 英式庭園景致屬攝拍照熱點。
7＿ 樹木環抱着第一片草地，在這裏野餐確實悠閒寫意。
8＿ 從山頂涼亭眺望港島區景致。

交通資訊

從港鐵中環站 J2 出口步行往中環花園道山下纜車站，乘山頂纜車到總站凌霄閣。另外，遊人可從中環站 A 出口前往中環交易廣場巴士總站，乘 15 線巴士到山頂廣場。

ⓘ 注意事項

柯士甸山道是單線雙向行車的車路，請遊人靠近兩側而行，免生危險。

城門白千層水塘仙境

香港有一個可供輕鬆郊遊的山頭住滿了各式各樣的動物，那就是位於九龍以北的城門郊野公園。公園內的水塘、溪澗、白千層、野生動物都份外吸引，當中的白千層樹更是值得一看再看。城門水塘的白千層林立之處是拍攝婚紗照的熱點，不少電視劇、電影更曾於此取景。城門郊野公園的面積不大，兩小時便可以走遍公園，短短的路程便可以欣賞到環景寧靜優美的水塘。公園內平路多，路程並不吃力，十分適合一家大小一起去。

滿猴子的足跡，牠們走遍整個山頭，所以城門郊野公園又稱「馬騮山」。公園裏除了有猴子，還有各種野生動物，包括野豬、野牛等。但行山時千萬不要在猴子面前吃東西，會讓牠們立即衝來搶食物，另猴子若看見遊人打開背包找東西，會以為遊人在找食物，同樣會招來猴子搶奪。這些貪吃的猴子還會到燒烤場附近的垃圾桶找食物，更懂得喝汽水！

馬騮出沒要小心

於荃灣出發乘搭 82 號小巴，於城門水塘小巴總站入口下車，便可以沿城門郊野公園慢走。出發前，可先到入口附近的小食亭買補充品，這是公園裏唯一的補給站。城門郊野公園的入口已經可以看見有猴子歡迎前來的遊客，公園內遍

1_ 水塘風景。
2_ 被水塘包圍。
3_ 好的天氣才可以看見。
4_ 還有野牛。
5_ 水塘附近的猴子。
6_ 剛入水塘會看見一個堤壩。
7_ 由於太漂亮不同角度都要拍
　　一張。
8_ 生病的大樹。

馬騮到底來自哪裏呢？

　　漁農署估計，目前全港有約 2,000 隻野生猴子，滿山猴子從哪裏來？原來是與保護水源有關。1910 年政府建設九龍水塘時，在水塘附近發現香港四大毒草之一——馬錢子；這種植物的種子有毒，政府擔心一旦有毒的馬錢子掉入水塘會污染水質，危害市民的健康，所以從東南亞引入猴子。猴子吃了馬錢子不會中毒，更視馬錢子為「馬騮界」美食，引入猴子就可以替市民把有毒的馬錢子吃光，保護水源。就這樣，猴子自此在香港落地生根，繁殖能力高的猴子開始佔領整個城門郊野公園。

仙境白千層路徑

　　城門郊野公園的路舒適易走，到處都是林蔭小徑，又有大樹竹林，就算在夏天慢行散步完全不會覺得熱。沿水塘前行就可以到達其中一個熱門的拍照勝地：這一帶的樹木茂密成蔭，路徑兩邊種滿白千層。白千層樹整齊地林立於小路的兩排，陽光輕輕透入映照到路面。在路的盡頭看，會覺得如走入畫中，風景令人嘆為觀止，美得好像不存在於現實環境之中一樣。如此仙境會令人多拍幾張照片才會捨得離開。有不少新婚夫婦會專程到這條小徑，與這唯美的景色拍攝婚紗照呢！

生態知多點

平日行山都會看到人釣魚，但原來在水塘釣魚其實是要申請牌照的，皆因要保護水塘的生態平衡能得到可持續發展。冬季大概是 9 月至 3 月是魚類的非繁殖期，這個時候開放讓市民釣魚，市民如想到水塘釣魚可以向水務署申請牌照。取得牌照的市民釣魚時必須用一線一桿，不可以用魚網捕魚。而夏季則是魚類的繁殖季節，禁止捕魚。休漁期讓魚類有休養生息的機會，以保護生態。

白千層武打片的場景

　　公園內的水塘附近，種滿白千層。看見眼前美麗的風景，或會有似曾相識的感覺。「點解依度好似熟口熟面咁嘅？」原來是在電視中看過這景色。塘畔的白千層，組成了一幅幅罕有的美景，這美景亦都吸引了不少電影製作商在這一帶取景，環境寧靜優美，絕對是香港一片難得的世外桃源。水塘旁邊排滿筆直的白千層，水塘的湖水碧綠，再映照出白千層的倒影。看着平靜似鏡的湖面，偶然會有活躍的猴子經過，會有一種很療癒的感覺。水塘附近有大石和大樹，坐在大石上與美景合照幾張，拍出來的照片都像仙境一樣。

12 **13**

溪澗流水聲潺潺

一直走會經過一條溪澗,溪澗的流水聲清脆,經過時會有種透心涼的感覺,微風送爽,想不到行山都可以避暑。溪澗的中間有大石頭和樹蔭,可以坐在大石上稍稍休息,聽聽流水聲這些屬於大自然的聲音。身邊還會有猴子經過過河,為平靜的風景帶來點活潑的感覺。周圍被流水聲包圍,又有野生動物,置身樹林之中,遠離香港這片石屎森林,真正融入大自然的景色令人平靜下來。休息後可沿小梯級向上走,便會到達一個小涼亭。小涼亭附近是猴子的集中地,還有野牛、野豬會停留。只要不打擾牠們,牠們亦不會打擾人類,動物與人類可以和平共處。

沿城門水塘小巴總站離開

沿路折返,離開公園時可以到城門郊野公園遊客中心參觀。遊客中心位於小巴總站旁,中心內設有展覽,介紹地區歷史、城門水塘的建設、早期採礦工業的資料以及城門郊野公園的生物多樣性。公園內設有標本林,可供遊客觀賞各種植物。公園內亦有燒烤場,但城市水塘的猴子比較多,可能會搶走遊客的食物,所以如果想一家大小燒烤郊遊,城門郊野公園未必是一個最佳選擇。最後回到城門水塘小巴總站入口乘搭小巴離開。

9_ 沿路前行是林蔭小徑。
10_ 有遊人在此附近釣魚。
11_ 塘畔的白千層。
12_ 城門管理站。
13_ 收集枯萎的木頭作其他用途。
14_ 水十分清徹。

14

1

西貢小海村

假日不少人都會到西貢走走，這裏最出名的莫過於海鮮和鹹鹹的海水味。如果想進一步遠離煩囂，就可以於西貢碼頭乘搭 7 號小巴到白沙澳下車，慢走到榕樹澳。這路線的時間較長，由西貢碼頭乘搭小巴開始走到榕樹澳，需要大概 6 小時的時間才能走畢全程，所以就要安排一整天的時間才能完成。路程雖長，但沿途可看到世外桃源的小村落白沙澳，奇形怪狀的蛇石、一面無際天然大草坪和紅樹林，絕對值回票價。

向小海村出發

在市區乘巴士或小巴於西貢市中心，一下車便會感受到西貢的渡假氣息——海邊圍滿了漁民叫賣新鮮的海鮮，又有小船可到附近的小島。西貢夏日的陽光、海浪的拍打聲、鹹鹹的海水味交疊成西貢的渡假氣息。在正式出發前可先到附近的小店吃些東西，附近有很多賣香港小吃的店舖，在買些補給品，吃飽肚皮後便可以到西貢碼頭的巴士站等 7 號小巴，前往白沙澳。

2

在白沙澳下車後，便會看見一個指示牌寫着白沙澳，旁邊有一條小徑，一直沿小徑走便可以到達白沙澳村。白沙澳的樹林十分茂密，環境亦清幽。走到白沙澳會看見白沙澳青年旅舍，雖然如此但平日的白沙澳沒有很多遊人，只有原居民居住。

沒有訊號的清幽角落

清靜的白沙澳連電話訊號都收不到，獨自成了一角，遠離都市的喧囂。入村後雖然沒有訊號，但並沒有因此而令白沙澳成為一條廢村。白沙澳有山有水，與野生動物為鄰，是一個清幽的安樂居，現在還有二十多戶的人家在這裏居住呢。這裏的居民有洋人也有香港人，他們的家庭都有一大個後花園，在寸金尺土的香港來說實在很難得。

其實，白沙澳在以前是一條客家人聚居的村落，早在清朝，很多客家人都由大陸移居到香港，其中白沙澳曾經就是一個他們聚居的地方。村裏住了不少退休前是專業人士的洋人，有建築師、銀行家，亦有大學的講師，他們都跟原本的客家人租屋，把室內重新裝潢，堅持將客家屋外觀的原汁原味保存。非原居民都十分珍惜這片難得的土地，令白沙澳村成為一條難得保存算是完整的客家村。

1_ 西貢的大海。
2_ 西貢碼頭有很多漁民在賣海鮮。
3_ 沿指示牌走。
4_ 沿小路入村。

保育政策知多點

沿路一直走，看見野牛在村內四周遊走，沒有高樓大廈，只有矮小的平房，就像是走入了古舊的小鄉村一樣。沿路走過小石橋，兩邊是一道清澈蜿蜒的河流，被叢林流水聲包圍，如無人之境一樣。穿過村屋叢林後，眼前突然一片豁然開朗，是一大片的農地與燦爛的太陽。村內的人會到農地種植，在農田旁邊的小狗一邊曬太陽，一邊幫忙看守農地，有陌生人經過眼神就會變得謹慎。農田附近又可以看見牛牛吃草，在香港已經很少機會能見到如此田園色彩濃厚的農地了。可惜白沙澳屬於郊野公園「不包括土地」，這些「不包括土地」雖然被郊野公園包圍，卻不受現有的《郊野公園條例》保障環境。「不包括土地」的原意是讓原居民可以豁免不受限制延續村落發展，可是發展商早已收購了不少農地，希望進行發展。白沙澳經「鄉村式發展」後對自然生態的影響，仍是未知之數。

然後依指示牌往荔枝莊方向走，就會到達南山洞。到達後需要經過南山洞的村屋，一直沿路走就對了。途中會經過一條小木橋，周圍都是被大樹包圍，蟬叫加上滿地的枯葉，十分清幽。這段路沿途都是石泥平路，一直都是在樹蔭之下走，所以完全不會感到炎熱，加上附近很多河流，更添涼意。繼續走會看見一個水壩，在這裏水聲潺潺，有種透心涼的感覺，可休息一會兒，再繼續出發。休息過後可以沿石泥路一直走，這時候會見到一條分叉路，跟着深涌的路牌走，大概走多一小時就能到達深涌。

尋找「蛇」的下落

路上可以遠眺西貢的山丘，連綿而立的群山，周圍都是翠綠一片。一直走會看見一個路口，按往深涌的指示牌走，大概走一個小時的路程便可以到達。一直沿石泥路走，經過小溪和斜路之後便會看見很多大型的石頭攔在路上。這裏的石塊都是奇形怪狀的，愈向前行的話會看見愈來愈多大石，恍如走進了另一國度般！大路的右手邊有條明顯的小路徑，走入去會發現另一塊大石，大石上有很多條紋，加上扁平的身軀，就好像一條大蛇伏在路邊一樣。行山客都稱這大石別名「蛇石」；故此蛇石坳這個有趣的地名，原來與此石有着很大的關係。

於草地睡個午覺

　　然後一直走下山，就可以到達深涌，深涌有一間荒廢了的教堂，名為三來朝小堂，於 1879 年建成。想探險的話可以入內看看，看看歷史還遺留下什麼痕跡。從廢墟出來，一直走會看見一大片大草坪和幾間小矮屋，綠油油的一大片草地，加上藍天白雲，人跡罕至十分寧靜。可以在這裏野餐，脫鞋，然後席地而睡，頭上有白雲飄過，耳邊清風送爽，慵懶地休息一會兒。但不要睡到不知時日呀，差不多時候就要出發了。繼續走會經過深涌碼頭，其實如果不想行太遠的路，也可以在大學站的馬料水碼頭乘搭渡輪到達深涌，不過每日只有兩班船，要乘搭渡輪就要留意船期了。

　　一直走多半小時，就會到榕樹澳村，這裏有一間小店名叫「來就士多」，可以坐坐吃點東西；但這間小店不是天天開門，能否品嚐到老闆的手藝就要看運氣了。榕樹澳並沒有交通工具離開，要走到西沙路才

🚌 交通資訊
到西貢後，走到碼頭巴士站等 7 號小巴，前往白沙澳。

⚠ 注意事項
需要大概 6 小時的時間才能走畢全程，請預留較多的時間。

5_ 一大片農地。
6_ 此地都是發展商望能發展的土地。
7_ 榕樹澳。
8-10_ 深涌的日與夜。

有巴士；沿途風景宜人，離開的路不算辛苦，到了西沙路的大馬路，便可以乘搭巴士到市區，結束一整天的行程了。

夏日走遍橋咀洲

週末來到西貢公眾碼頭，船家都會蜂擁而上推銷各項街渡服務，其中最熱門的路線，莫過於遊覽水清沙幼的半月灣。離開半月灣不必直接乘船，可以走一段 1.7 公里的山路到橋咀泳灘，再乘坐街渡返回西貢碼頭。花兩小時從橋咀洲南端走到西北，走訪兩大著名泳灘，由你親自品評哪個才是「香港最美」。

橋咀「威水史」

早在 1979 年，橋咀洲大部份範圍連同周邊的小島，一併納入橋咀郊野公園，成為全港面積最小的離島郊野公園。橋咀一帶海域有大量珊瑚品種，2002 年漁農自然護

理署在島上設立珊瑚保育區。除了高生態價值外，島上蘊藏 1.4 億年前形成的地質景觀，成為西貢古火山的重要遺跡。因其獨特而罕有的地貌，橋咀洲於 2009 年被劃為國家地質公園，兩年後獲聯合國教科文組織認可，成為世界地質公園。作為香港人，可謂「不到橋咀非好漢」！

乘船觀海島

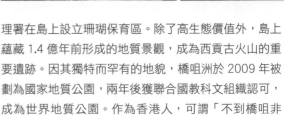

從西貢碼頭到半月灣的船程經過數個小島，包括白沙洲、小鏟洲、枕頭洲等。白沙洲又稱「海上無人島」，是無人居住的林蔭小島。即使沒有康樂設施，白沙洲岸邊的礁石亦吸引了釣魚愛好者前往。沙石經海水長年累月沖積，形成沙堤，將白沙洲與鄰近的小鏟洲連接起來。惟沒有街渡開往白沙洲，恐怕要包船才可到訪這個神秘孤島。

廈門灣還是半月灣？

　　街渡轉眼間便到達目的地——廈門灣公眾碼頭。船家不是說半月灣嗎？為何駛到廈門灣？查看地圖，原來「半月灣」位於西貢海中裏，在橋咀洲南方。海灣呈新月形狀，理應稱作「新月灣」。然而，新月的英文翻譯「Crescent」太艱深，遂改成「Half moon」。「Half moon」譯成中文是「半月」，諧音則是「廈門」。現時海灣的官方名字是廈門灣（Hap Mun Bay），半月灣（Half Moon Bay）只是別名而已。坊間流傳的另一說法，是殖民年代英國官員前往考察，港人向他們介紹海灣。官員把「廈門」聽成「Half moon」，使廈門灣多了個別名。至於哪個解釋才對，交由大家自行判斷。

清澈見魚

　　廈門灣泳灘連接着外海，水質長期被環境保護署評為最高的一級，是香港十個最潔淨的海灘之一。碧綠的海水清澈見底，清楚看見海床的岩石和水中的小魚，媲美布吉沙灘。泳灘配備更衣室、小食亭、燒烤區等，深受泳客歡迎。想挑戰自己的話，可以租借獨木舟划出海觀察三個並列的海蝕洞，找尋海浪沖刷岩石的痕跡。

廈門石灘

　　廈門灣小食亭後方有燒烤場和休憩地，而燒烤場分別有小路通往石灘和橋咀郊遊徑。廈門灣的前灘由沙粒堆積而成，後灘則滿佈形態各異的岩石。在石灘可坐在岩石邊緣釣魚，或在石縫間尋找生態蹤跡。逛完石灘後，沿小徑上山，進入橋咀郊遊徑。

1_ 橋咀郊野公園綠意盎然。
2_ 乘坐街渡感受海風吹送，靜觀鳥兒翱翔空中，也是一大享受。
3_ 登上街渡，展開橋咀洲之旅。
4_ 前往廈門灣沙灘的遊人絡繹不絕。
5_ 街渡準備停泊在廈門灣公眾碼頭。
6_ 從碼頭遠觀廈門灣。
7_ 海床的岩石看得一清二楚，小魚偶爾在腳邊游過，加上沙質幼細，難怪廈門灣號稱香港頂級泳灘。

8_ 上山路段以人工化的石屎梯級為主。
9_ 從郊遊徑的最高處俯視被碧綠海水環抱的廈門灣。
10_ 下山路是天然沙石，讓我們更親近自然。
11_ 走了半小時已經看到橋頭島和沙提，好像拖着長長尾巴的老鼠。
12_ 繼續往橋咀方向走，路牌顯示還有 0.8 公里路程。

海景郊遊徑

　　起首的路段是平路，然後接上石屎梯級通往山頂。郊遊徑的頂點約 136 米，也是整個橋咀洲的最高點，足以俯視新月形的廈門海灣，及眺望滘西洲和牛尾海，景色壯麗。

　　下山的路段主要是天然沙石，中段接駁一段石屎梯級，最後回歸泥土。沿途兩旁以矮小的灌木為主，視線不受遮擋，觀景一流。下山走約 10 分鐘便可鳥瞰橋頭島和沙提，然後走一段平路，繼而拾級登上小山丘。至此，郊遊徑完成了

一半有多，在此可稍作休息。餘下的是下坡路，依循路牌往橋咀方向，輕鬆走半小時就到達橋咀泳灘。

神出鬼沒的沙堤

　　橋咀泳灘在橋咀洲西北面，朝向西貢海。剛剛在郊遊徑上看到的沙提，其實是著名的地理景觀——連島沙洲。一道狹長的天然沙堤把橋咀洲連接着橋頭島，這道長 250 米的沙堤可謂「神出鬼沒」，因為潮漲時，潮水能完全蓋過沙堤。連島沙洲連接着地質步道，沿途散落了一個個「菠蘿包」；這些菠蘿包其實是石英二長岩，因風化侵蝕呈現獨特的裂紋。繼續走上橋頭島的山頂觀景台，可以遠眺清水灣、牛尾海一帶的景觀。橋頭島上還有一座矮小的白色燈塔，為牛尾灣內的船隻提供訊號。

橋咀泳灘

因水質清澈和擁有大量珊瑚群落，橋咀泳灘一直都是潛水熱點；根據政府2014年進行的生態普查，橋咀海域的石珊瑚覆蓋率達七成，當中包括十字牡丹珊瑚和盾形陀螺珊瑚。有幸更可於珊瑚群間看到小丑魚、葵蝦等海洋生物呢！可是橋咀泳灘人流較廈門泳灘多，垃圾也隨之增加。大家可以把垃圾帶離小島才扔掉，因為即使扔在島內的垃圾筒，也有機會被吹走，飄到沙灘或海上。

古火山證據

一億四千萬年前，香港發生了多次火山爆發，其中一座半徑十幾公里的巨型火山位處西貢。橋咀涼亭附近可見火山角礫岩，正是白堊紀時期形成的。當時猛烈的火山爆發炸開火山口附近的岩石，分裂成大小不一的碎屑，冷卻凝固後成為火山角礫岩。島上還可以發現其他火成岩、侵入岩等散落四處，留待大家尋覓。

13_ 一億四千萬年歷史的火山角礫岩。
14_ 每個地質景觀旁均設有介紹牌，詳述奇觀如何形成。
15_ 涼亭和碼頭間一片草地開滿小黃花。
16_ 橋咀泳灘的海水同樣清澈，吸引遊人前來浮潛。

🚌 交通資訊

從西貢碼頭乘坐前往半月灣的街渡，15分鐘後便到達。回程從橋咀碼頭登上同一渡輪公司的街渡離開。

⚠ 注意事項

遊人應預先檢查潮汐漲退時間，潮水低於1.4米才可安全越過橋頭島的連島沙洲。

生態提示

潛水時必須避免觸碰或踐踏珊瑚，因為珊瑚的生長和復元速度緩慢，並非像外表那樣「堅硬」。此外，珊瑚對水溫異常敏感，近年全球暖化已導致多個珊瑚群落面臨白化。甚至死亡的危機。五彩繽紛的珊瑚不止漂亮，還是高生產力的生態系統，好比海底的熱帶雨林，支撐着多個物種。守護珊瑚，由低碳生活開始。

最東北的老村莊・谷埔

香港面積雖小，五臟俱全，一程鐵路就可以去到大部份的地方。可是，我們對香港的地理知識常常都局限在有港鐵站的地方，一離開了主要的市區就不知道地方在哪兒，甚至是連聽都沒有聽過。然而，除了繁榮市區的五光十色，不少美麗的地方仍悄悄地躲在寧靜的角落，等待我們去細心發掘。谷埔位處沙頭角海灣，是新界東北方一處仍然被自然包圍，未被大興土木的地方。筆者第一次到訪的時候，不知道原來谷埔一帶和深圳只是一岸之隔，滿是高樓和貨運設施的鹽田區和谷埔形成極強烈的對比。沙頭角海的海岸正正就是因為獨特的地域分隔，谷埔一帶的自然環境才不被城市蔓延所蠶食，鄉村風味得以保留。

前往谷埔

對遠足新手或是想家庭樂的朋友來説，行山接觸大自然的確可能有點兒吃力；可是誰説在香港一定要行上千級樓梯上山才可呼吸新鮮空氣？遠足不一定等如行山，這次要介紹的谷埔就是好例子了。從粉嶺火車站乘坐小巴到達鹿頸後，經過佇立於路口的發記士多，步入平坦的石屎小徑就是行程的起點了。沿途的路程都是綑着岸邊的石屎路，鮮有斜路和梯級，而且來回全程也只需兩小時，絕對是老少咸宜的路徑。在路途上可以看到岸邊有很多紅樹林和形狀獨特的近水生植物，這些植物在市區的海旁都難以生長，絕對值得我們這些城市人駐足細看。路旁也有不少平坦的草地，不少遊人會停下拍照，更有些遊客會攜同寵物到這裏親親大自然；只要不影響到別人，沿途偶爾停下來看海放鬆心情，也是個不錯的選擇。

鳳坑村

　　到達谷埔村之前，鳳坑村是此路線的必經之地。鳳坑村設有公共廁所和供小休的長櫈，也有一個小碼頭讓大家在這裏留下倩影。鳳坑村與谷埔，以至沙頭角等鄰近村落的關係千絲萬縷；說到這裏，不得不提這一帶充滿色彩的村落歷史。谷埔村一帶早在明朝已有張姓客家人定居，務以農業和漁業為生。後來在 1661 年，清政府為防止居民接濟明朝遺臣而執行遷界令，令使沿岸村落入遷 50 里，谷埔村的村民亦因而各散東西。1683年「展界」後，一些村民和其他姓的家族一起遷回谷埔，而張氏家族則在毗鄰海灣建村，是為現在的鳳坑村。

谷埔村

　　經過鳳坑之後，步行約 10 分鐘便會到達谷埔。「谷埔村」這個名字其實是數條鄰近村莊的統稱，這裏的村落分為五肚，各肚雖不同姓，但可在海灣旁和睦共處。和很多村落一樣，谷埔村內的村屋十室九空，大部份的村民早已搬到市區或在沙頭角「上樓」。村口有一座荒廢的地標，就是啟才學校，校舍的規模

和荒廢的蒼涼，印證了村落的盛衰。筆者到谷埔時巧遇仍住在谷埔的村民，他們說平時外出都靠海路，自己開船到對岸的沙頭角買菜，比步行出鹿頸乘車快得多。谷埔村有環狀小徑圍繞村落，遊人可以先沿吊燈籠徑上坡，在樹蔭下影相，然後經過村屋，左轉村路沿蘆葦田往海邊走去，到達目的地：谷埔碼頭。

　　很多人說香港只有一模一樣的大商場很沉悶，所以要到外地旅行尋找新鮮感；但到過谷埔之後，大家又會不會改變這一個想法呢？香港有很多隱秘的好地方，富有歷史價值又有美麗景觀，與其花錢花時間花碳排放外遊，不如主動探索一下香港鮮為人熟悉的地方，何樂而不為？

1_ 谷埔的蘆葦田和草地是拍照勝地。
2_ 沿路岸邊都是紅樹林，泥土亦孕育着不少生命。
3_ 村民說這些谷埔野生牛隻是以前農村留下的後代。
4_ 鳳坑碼頭是拍照留念的熱點之一。
5_ 遙看對岸深圳的山巒。

交通資訊
於粉嶺港鐵站乘坐 56K 專線小巴到鹿頸開始行程。

ⓘ **注意事項**
路途雖不算長，卻沒有避雨及補給點，出發前請作充足準備。

低碳
路線
地圖

低碳路線資訊

港鐵馬鞍山站 → 烏溪沙海灘 → 渡頭灣 → 港鐵烏溪沙站

約 1 小時

https://goo.gl/86jQTW

新市鎮綠洲・烏溪沙

環保知多點

筆者小時候，烏溪沙沙灘還是一個碎石灘。沙灘由碎石組成，表示這裏的水流比較平靜和流得不遠，水中的碎石還沒有風化成沙就擱在灘上，與吐露港為內灣的地形脗合。可是為什麼現在的烏溪沙海灘，已變成一個沙灘呢？原來是有熱心的市民自發每日到石灘撿石頭，把石灘裏的石頭重新排列，使海灘的碎石變得井然有序。石灘變成了沙灘固然方便了遊人遊覽，但是到近來，網上有關注自然生態的市民卻發起行動保護沙灘。人工的地形改變，雖然可以使地方變得漂亮或方便，但是就樣卻讓海灘裏的小動物，例如寄居蟹的生活環境大受影響。我們要怎樣在尊重自然環境和方便遊客之間取得平衡，是一個值得我們去深思熟慮的議題。

說起香港的海灘，大家或者都會首先聯想起炎炎夏日與朋友一起乘車到泳灘的情景。其實，除了一些有名的泳灘外，香港各處還隱藏着大大小小的海灘。它們也許沒有像淺水灣一樣廣闊也不像大嶼山的海灘般有一望無際的風景；但是其實這些「隱世」的海灘，很多都位於城市的邊緣，人煙不多，所以是個和朋友促膝長談，或到海邊散心玩耍的好地方。

烏溪沙海灘

烏溪沙海灘位於馬鞍山，距離馬鞍山市中心只不過是數百米的路程。在馬鞍山港鐵站下車之後，穿過商場，沿馬鞍山海濱長廊的入口處走去，不消 10 分鐘便會到達海灘的入口。烏溪沙海灘的景象十分特別；沙灘很長但不闊，潮退的時候會露出大範圍的泥石；潮漲的時候，海水卻可以把整個沙灘淹沒。這裏的遊人不多，假日的時候，卻可以見到一些家庭到這裏摸蜆玩沙；每年中秋節的時候，會有很多馬鞍山的居民來這裏賞月，場面十分熱鬧呢！海灘的周邊都被大廈包圍，使沙灘顯得有點格格不入，但這就是沙灘特別的地方。黃昏的時候，在沙灘，或在旁邊的碼頭上，更可細看夕陽在西邊徐徐下降。在繁忙的新市鎮中有這麼的一個好地方，讓人嘖嘖讚奇。

烏溪沙的紅樹林

　　位於烏溪沙的海灘其實不只一個；在碼頭方向有一條小路，一路向前走大約 10 分鐘，便會到達第二個海灘——渡頭灣。在小路的中途滿是樹蔭，更有一些樹是呈藤狀的奇怪模樣。其實這裏是一個天然的紅樹林，然而在新市鎮發展中，政府常常會拉直美化海濱，這些天然的海岸已經是買少見少了。

渡頭灣

　　渡頭灣的風景與烏溪沙海灘相近，但是這裏的遊人更少、環境更清幽。特別的是，這裏的海面滿是船隻和舢舨，旁邊的士多有時會開門營業，大家可以來碰碰運氣，租一隻艇仔出海體驗小艇上的浪漫。渡頭灣旁邊的渡頭村是馬鞍山唯一的漁村，和旁邊烏溪沙村客家人的背景截然不同。在馬鞍山還未被發展的時候，烏溪沙沒有馬路直達市區；他們要在渡頭灣碼頭乘街渡到大埔墟購買日常用品，或者到馬料水轉乘火車到市區。由於交通不便，到六七十年代，村裏很多人都搬到市區居住，所以現在住在這兩條村的，大多都已不是原居民了。

滄海遺珠

　　烏溪沙海灘像滄海遺珠般，在馬鞍山新市鎮裏別樹一格。其實，真正美麗、真正值得我們去探索的地方，往往不需要政府大興土木增加配套，或是大肆宣傳；反而正正是因為沒有大型機構的插手，每一個居民、每一段歷史，都有份演繹着這裏的故事，好讓烏溪沙變得獨一無二。

🚌 交通資訊
乘坐港鐵到馬鞍山站下車，或乘坐 40X、85M、85X、86C、86K、87D、87K、89D、99、286M、680、681、682、A41P 巴士到海栢花園站下車。

ⓘ 注意事項
烏溪沙海灘較多碎石和蠔殼，遊覽時請注意安全。

1_ 烏溪沙海灘有很多鴿子聚居。
2_ 烏溪沙碼頭。
3_ 由烏溪沙通往渡頭灣的小路。
4_ 紅樹林裏的植物往往別樹一格。
5_ 從渡頭灣回望馬鞍山新市鎮。
6_ 在渡頭灣租小船出海看日落是多浪漫的事呢！

Chapter 3

文化歷史

香港被稱為一個文化沙漠,若仔細發掘其實不難發現這地方到處充滿歷史與文化氣息。我們不一定要特地遠赴其他國家去感受,單單在香港已經有很多值得探索的地方,它們或許藏在鬧市街角的建築、或許躲在早已被遺忘的舊城舊區、又或是埋在一些不為人知的鄉郊隱世村落裏,各個充滿傳奇色彩的故事一一等待着你和三五知己一同發掘。

這篇章要介紹的地方十分豐富,包括明清時代建成的寺廟書室、殖民時代建成的中西交融歷史建築、近年因城市發展而新崛起的藝術區等,名副其實包含了古今中外的各種歷史與文化景點,遊覽這些地方不僅會為你帶來各種寶貴的冷知識及小知識,更能讓你全面地認識香港這個地方。

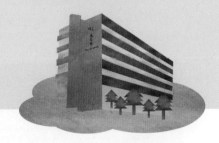

徒步看中西區 · 探索香港故事

從中環街市看古蹟活化發展

　　旅程從中環站 C 出口開始，往左邊直走就看到中環街市了。中環街市前身是廣州市場，1850 年遷到現址後，就改名為中環街市。它在 1990 年被評為三級歷史建築，但及後繼續營運至 2003 年才功成身退。關於中環街市的活化計劃，市建局一改再改，終於在 2016 年確定「城市中的綠洲」的活化方案，為市民在鬧市中提供綠化空間及休憩用地。了解完中環街市的背景後，進去看看吧！街市的活化工程還未完成，現時開放的空間不多，不過當中一條畫滿壁畫的走廊很適合停下來細看，欣賞不同藝術家的作品。要平衡保育與城市發展絕對不是一件簡單的事，值得慶幸的是，進行這些活化計劃時不少持份者都堅持要在當中保留一定的綠化元素，讓我們在繁忙的生活中也有機會享受大自然帶來的悠閒舒暢感覺。

　　自從新聞報導有幾位年輕人花了 14 日徒步環香港後，用走路的方式來看香港的這個念頭，就經常在人們腦海中縈繞。作為日理萬機的香港人，要花整整兩星期環香港幾乎是天荒夜談；不過，假如大家剛好有一個空閒的週末或是一個簡單的假日下午，不妨用走的來逛一趟中西區，補充不少香港歷史資料，瞬間提升對香港的認識。

回頭看殖民時代下的舊香港

之後沿着中環往半山的扶手電梯走，沿路會看見一些歐式風格建築群，包括前中區警署、前中央裁判司署及域多利監獄，它們合組成為香港早期的司法中心。不過，目前此建築群正進行活化工程，並不開放參觀，活化完成後將會成為一個綜合休閒空間。港島就是一個文化如此豐富交融的地方，在摩登大廈林立的鬧市中，我們在某一個轉角就會看到風格迴然不同的建築，而每棟建築都都彷彿盛載着一個又一個動人的故事。

看博物館認識國父革命史

離開扶手電梯往右邊後沿着堅道走，就會看到一座古典風格大樓，這裏就是孫中山紀念館。「國父」孫中山經十一次起義才革命成功人人皆曉，但是對於革命思想如何孕育出來大家又知道多少？大家又知道孫中山和香港其實有着密切關係嗎？除了建築物外觀富有特色外，紀念館裏的展覽品亦十分有價值；例如有他讀書時期的答題卷及各種親筆信等，紀念館的各種資料更有助我們深入了解孫中山先生的生平事跡，仿如上了一節免費的歷史課。

1_ 屹立於鬧市中的中環街市。
2_ 中環街市入口。
3_ 充滿藝術色彩的中環街市。
4_ 引領我們到更多古蹟的中環半山扶手電梯。
5_ 翻新後的前中區警署。
6_ 孫中山紀念館外觀。
7_ 建築風格多變的港島。

隱藏在愛德華式建築內的香港醫學發展史

離開孫中山博物館後沿着堅道往前走，注意右手邊的指示，下樓梯就到達醫學博物館了。同樣是歐式建築，醫學博物館的風格與以上提及過的建築又有不同，它是以紅磚砌成的英國愛德華式建築。博物館裏面詳細記錄了香港的醫學發展史，展現了豐富的有關香港的醫學遺產，假如你已經對各個中小學必到的博物館展品倒背如流的話，這裏一定會使你大開眼界、收穫豐富。博物館最珍貴的地方是將歷來香港對抗傳染病的艱辛過程呈現在公眾眼前，對於曾有共同經歷的人別有一番共鳴，而對於未有共同回憶的新一代來說，抗疫的故事絕對能感動他們，對醫護人員的無私奉獻肅然起敬。

是校內最古老的建築外，更是香港大學的地標。

文藝復興風格的花崗石柱支撐着本部大樓，大樓頂部亦矗立着一座鐘樓，四角則有塔樓，外形典雅，讓人恍如置身於歐洲一樣。

遊走港大校園 觀賞法定古蹟

走到這裏假如仍未疲倦的話，可以沿着般咸道走30分鐘到香港大學，繼續上這節香港歷史課。香港大學作為本港歷史最悠久的最高學府，當中有數座建築被評為香港法定古蹟，包括有本部大樓、大學堂、孔慶熒樓及鄧志昂樓。其中建於 1912 年的大學本部大樓，除了

碰着十一月、十二月的畢業季節，不時會看見畢業生在大樓的各個位置拍照留下美好的回憶，不管你身處大樓外、大樓內的走廊、樓梯、花園、小水池，只要角度抓得好，拍出一張張有味道的照片絕對不是一件難事。上面提及港大有不少歷史悠久的建築物，它們伴隨香港發展，已成了香港古蹟和文化的重要一環。校園內部份建築有記載相關的歷史，有助大家從建築、歷史和人文等角度去探索這學府的故事。

12

以雙腳代替交通工具更環保

　　平常我們會說以公共交通工具代步較環保，這樣以雙腳代替交通工具，相對起來又更環保了。港島的路雖然有點崎嶇難走，但偶爾能夠這樣在城市中漫遊，慢慢觀賞我們生活的城市，比起坐車確實別有一番感受。在高樓大廈林立的城市慢步另一個好處就是不用怕太陽曬，不過長時間在戶外遊走還是要多補充水份。建議大家自備水瓶代替購買，沿路亦可到快餐店取水、又是在港大校園內隨處可見的水機補充水份；這樣就可以減碳排放之餘，避免製造垃圾，達到低碳本地遊的目標。

交通資訊
可以從中環站 C 出口出發，到達出口往左邊走就到達第一站中環街市。

⚠ 注意事項
大部份時間都在室外，天氣炎熱時建議自備飲料，另外因部份路段斜路較多，不建議在雨天行走。

中環街市
地址：中環皇后大道中 93 號及德輔道中 80 號

前中區警署建築群
地址：中環荷李活道 10 號

孫中山紀念館
地址：中環半山衞城道 7 號
開放時間：
星期一至三、五：10:00 至 18:00
星期六、日及公眾假期：10:00 至 19:00
（星期四休館）
入場費：免費

醫學博物館
地址：上環半山堅巷二號
開放時間：
星期二至星期六：10:00 至 17:00
星期日及公眾假期：13:00 至 17:00
（星期一休館）
入場費：成人：HK$20（全日制學生、六十歲或以上長者、殘疾人士及六歲以下小童半價）

8_ 香港大學本部大樓。
9_ 本部大樓內部，連階磚也充滿特色。
10_ 香港大學孔慶熒樓。
11_ 留意此指示前往醫學博物館。
12_ 本部大樓內的走廊是學生拍攝畢業照的必到地方之一。

屏山文物徑看新界鄧族

康文署的古物古蹟辦事處設立文物徑讓市民認識香港的豐富歷史，至於香港第一條文物徑在哪裏呢？就是位於天水圍西鐵站出口的屏山文物徑了。文物徑於 1993 年成立，記錄了新界五大家族之一的鄧族的黃金歲月。來到這裏，不但能感受濃厚的古樸風味，走完整條文物徑之後，更可以去「華嫂冰室」嘆個下午茶。

屏山鄧氏家族

鄧族是香港最歷史悠久的家族之一，最早可追溯到北宋時期，住在江西的鄧漢黻帶領他的族人遷居到廣東省，他的曾孫鄧符協赴廣東陽春縣任縣令的途中，路經屯門，

1

受到此地的風土所吸引，所以在任滿辭官後，舉家遷往岑田（即今錦田），並設置書院 [另見本書 P.34（丫髻山）一篇]。從此，鄧氏成為新界五大族之一。

到了十二世紀，鄧元禎、鄧從光父子又由錦田遷居到屏山。鄧族定居屏山後先後建立了「三圍六村」，「三圍」即上璋圍、橋頭圍、灰沙圍，「六村」是坑頭村、坑尾村、塘坊村、新村、新起村及洪屋村。鄧族在這些村落興建不少中國傳統建築，例如書室、祠堂、古塔等，並保留了不少傳統習俗。

聚星樓

聚星樓是文物徑的起點，是香港現存唯一的古塔，已有超過 600 年歷史。它的位置原是河口，北面后海灣，興建的目的原是為了擋北煞、鎮水災，並保祐族中子弟在科舉中考取功名。塔原高七層，可惜後不敵風災只剩三層；上層供奉了相傳主掌科舉功名的魁星，每一層亦有喜慶吉祥的題字，由上而下分別是「凌漢」、「聚星樓」和「光垣斗垣」。來到這裏可以順便拿本「文物徑」導遊圖，文物徑沿路亦有路牌指示，不難找到景點。

1_ 聚星樓。
2_ 上璋圍。
3_ 古井。
4_ 楊侯古廟。
5_ 歷史建築被民居包圍着，住在這裏就像住在泛黃的菲林之中。
6_ 愈喬二公祠。

上璋圍

　　沿着文物徑的指示牌繼續走，便來到了上璋圍。上璋圍是屏山文物徑沿線唯一的圍村，至今已有二百多年歷史，是香港典型的本地圍村。四周有青磚砌的圍牆，圍牆內的房屋排列齊整，中軸線上有門樓和神廳。圍牆外原本更有護河，可惜護河已被填平，門樓、神廳已重建，內室現為私人物業，不對遊客開放。我們只能在圍外面看到圍牆，推想昔日的光景。

古井，楊侯古廟

　　沿着上璋圍與楊侯古廟之間的小路走，便會找到古井。相傳古井由坑頭村村民所建，在二百多年前上璋圍立村前已建成。昔日的古井曾是坑頭村和上璋圍兩村的食水來源，現在村裏有自來水供應，古井功成身退，裏面養了錦鯉魚。楊侯古廟位於古井後的小路上，相傳已有數百年歷史，但確實修建日期已不可考。侯王有說是宋末忠臣楊亮節，他為保護宋帝而捐軀。

愈喬二公祠

　　回到古井的小路上，直走到路口向右拐，便來到聚集了愈喬二公祠、鄧氏宗祠和華嫂冰室的大空地。愈喬二公祠於十六世紀初興建，是間三進兩院式的建築，結構和規模媲美鄰近的鄧氏宗祠。這裏除了作祠堂之用外，亦是族中子弟接受教育的地方。1931 至 1961年間，這裏曾是「達德學校」，丟空多年，現在竟成為了尋鬼探秘的勝地。

鄧氏宗祠

　　鄧氏宗祠和愈喬二公祠就像攣生兄弟，雙雙座落於停車場之前。鄧氏宗祠是屏山鄧族的祖祠，又名友恭堂，已有七百多年歷史。由五世祖鄧馮遜興建，以紀念鄧洪贄和鄧洪惠兩位祖先開基勤勞之功。宗祠是三進兩院式的恢弘建築，正門前兩旁是鼓台，各有麻石和紅砂岩造的柱子支撐瓦頂；前院鋪有紅砂岩甬道，顯示鄧族曾在朝廷身居要職者；

屋脊皆飾有石灣鰲魚和獅子。鄧氏宗祠建築精美宏偉，是同類古建築的表表者。

清暑軒

　　經過華嫂冰室後，沿着直路走，便來到清暑軒和覲廷書室。筆者最喜歡清暑軒的建築，如果説屏山文物徑其他建築是朴素古雅的古典美人，那麼清暑軒就是華麗氣派的千金小姐。清暑軒原指建築底層的一間廂房，建築物本無名字，是到訪賓客及鴻儒的歇宿之處。裏面的木刻、壁畫、灰塑十分西式，但整體格局卻是中式的，有點像個混血美人兒。

覲廷書室

　　覲廷書室於 1870 年落成，兼具教育和祭祀祖先的雙重作用。1899 年英軍進佔新界時，書室曾被用作田土辦公室和臨時警署。雖然科舉制度於二十世紀初被廢除，但直至二次大戰後初期，書室仍是族中子弟接受教育的地方。

述卿書室

　　沿着直路走，經過馬路，就來到述卿書室，書室位於塘坊村，建於清同治十三年（1874 年），以紀念屏山鄧族廿一世祖鄧述卿。書室是鄧族子弟接受教育之地。書室原為傳統兩進式建築，以青磚為牆，麻石作為門框。然而書室在二戰後日久失修，為免危險，正廳於 1977 年拆卸，前廳則保留下來。書室現為私人物業，不開放參觀。

洪聖宮

回到剛剛經過的馬路轉右直行，經過巴士站後直入坑尾村，便來到了洪聖宮。相傳洪聖本名洪熙，是唐代的廣利刺使，死後獲追謚為「廣利洪聖大王」，深受漁民尊敬。每年農曆二月十三日是洪聖誕辰。

屏山鄧氏文物館暨文物徑訪客中心

沿着屏廈路直行，左轉至屏山竹林路，直走到盡頭便來到了文物館和訪客中心。這是文物徑的終點站，位於坑頭村的小山崗上。文物館的前身是屏山舊警署，建於 1900 年，是文物徑唯一的殖民地建築，亦是新界現存其中一所戰前警署。建築物於 2002 年正式由康文署接管，並改建成屏山鄧氏文物館暨文物徑訪客中心，並於 2007 年開放，讓市民認識新界的鄉村歷史。

華嫂冰室

走完整條文物徑，不如返回鄰近鄧氏宗祠的華嫂冰室吃個下午茶吧！原來「華嫂冰室」已屹立屏山 50 年，原名為「和記」，由華嫂父親開設。之後由華嫂接手經營，今天再由華嫂三個兒子接班，已經歷了三代人。這裏的招牌茄蛋菠蘿油、冰花奶茶、芝士鹹牛肉蛋豬仔包遠近馳名，連發哥和余文樂也專程到來一試。來到屏山實在不可錯過！

沿路景點均有豐富歷史價值，甚至讓人有種仿如時光倒流的錯覺，既然此文物徑交通方便，大家不妨乘週末來上一節歷史課吧！

11

🚌 **交通資訊**

可乘港鐵西鐵線到天水圍站，E3 出口就是聚星樓。

ℹ️ **注意事項**

屏山鄧氏文物館暨文物徑訪客中心開放時間：每日 09:00 至 13:00 及 14:00 至 17:00（星期二、聖誕節及翌日、元旦日、農曆年初一至三休息）

華嫂冰室營業時間：星期一至六 08:00-13:00 及 14:00-17:00 （星期日休息）

12

10

7_ 鄧氏宗祠與愈喬二公祠相連。
8_ 覲廷書室，與清暑軒相連。
9_ 清暑軒圓形通道，揉合了中西文化。
10_ 華嫂冰室。即使平日下午來到這裏也要拿籌號排隊，十分熱鬧。
11_ 「鄧」字。
12_ 這是馬的浴室，位於清暑軒內。

低碳
路線
地圖

https://goo.gl/NDmSfy

低碳路線資訊

九記士多 → 打鼓嶺坪輋保衞家園聯盟導賞中心 →
坪洋新村（壁畫村）→ 九記士多 → 香港珍記農場 → 雲泉仙館

約 3 小時

遠訪坪輋壁畫村

1

2

提起壁畫村，你會想起哪裏？首爾的梨花洞？還是台中的沙鹿美仁里彩繪村呢？其實要親臨壁畫村欣賞美景不一定要搭飛機，香港就有一條這樣的村落了。坪輋壁畫村位於粉嶺東北，打鼓嶺以南，來這裏遊覽，不時還能看到來自世界各地不同的面孔，真是充滿異域風情。這裏的壁畫大多以農村景物為主題，例如花、鳥、樹葉等等，有些更是小孩的畫作，充滿童趣。

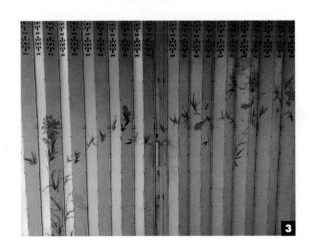

3

坪輋簡介

坪輋的「輋」指近山的地方，也指廣東輋族。坪洋村陳氏是最早開拓坪輋的人，期後一些客家人、本地宗族亦陸續來此地定居。這裏村民的風水林裏，還有 400 年歷史的樟樹，印證豐富的歷史；也有道觀雲泉仙館和法定古蹟長山古寺，保育價值十分高。

壁畫村由來

乘坐小巴到坪輋村九記士多下車，沿坪原路步行一會兒便會到達壁畫村。這裏乍看是毫不起眼的鄉郊地方，但是當在路上經過打鼓嶺坪輋保衞家園聯盟導賞中心，大家可能會發現此處其實隱藏着不少鮮為人知的故事。

1_ 坪輋的農地。
2_ 永安士多的信箱，甚具特色。
3_ 永安士多，曾有電影在此拍攝。
4_ 第一間畫上壁畫的屋子。
5_ 義工和小孩一起在屋前的小徑填上豐富的顏色。
6_ 圖畫不時出現各國文字。來自世界各地的國際義工來
這裏美化村落。

2012 年，政府推出「新界東北發展計劃」，把古洞北、粉嶺北和坪輋的農地收回，劃為住宅和商業發展用途。大部份坪輋居民在未被諮詢下被告知自己的家園快要被政府收去，不知所措。有見及此，一些保育人士和村民成立了「打鼓嶺坪輋保衛家園聯盟」反對計劃，最後政府在 2013 年的計劃修訂方案中剔除坪輋。雖然這件事已告一段落，但居民的聯盟並無瓦解，近年更積極保育及推廣村落的傳統文化。他們除了舉辦「舞火龍」外，亦和其他社區組織合辦新界東北生活體驗團，教授參加者做傳統工藝。另外，這裏亦不時舉辦導賞團，帶參加者認識新界東北。

今時今日，農業被視為落伍、低經濟回報，農田

變成高樓大廈看似是遲早的事。難道農業沒有別的發展方向嗎？在坪輋，有村民認為農業可以結合藝術，村落也可以發展出另類空間。他們找來了跨領域藝術團體「空城計劃」，一起展開美化村落的計劃。第一間美化的，就是獨居老人「坪叔」的屋子。「空城計劃」的義工構思壁畫初稿後，找來義遊的國際義工為房子油白並填上七彩顏色，成為壁畫村的第一個地標。

和由首爾政府主導的梨花洞不同，坪輋採用「由下而上」的規劃方式去美化村落。村民可以根據自己的意願，決定壁畫的圖案。例如我們在村中大多數看到的都是以大自然為題材的圖案，例如花、鳥、樹葉、太陽等等，這些都是和村民的生活息息相關的事物。村民亦自行發起和組織村中的導賞和體驗團這些活動連結了村中立場不同的居民，創造了一個令人羨慕的和諧社區。

農村變身藝術村

　　說這裏是「藝術村」真是一點也不誇張！這裏曾舉辦過音樂會、劇場、裝置藝術展覽等等，一大班藝術家聚集在坪輋絕對不是一件新鮮事。原來早在 2013 年，空城計劃主辦了第一屆「空城藝術節」，找來了攝影師、插畫家與藝術工作者，以文化藝術抗議「新界東北發展計劃」。之後，又舉辦了第二屆「空城藝術節」，邀請村民和本地人合作舉辦音樂會。他們期望透過將藝術帶入鄉村，讓大家再反思閒置空間可以有的無限可能性。

農業有價

　　到訪壁畫村拍過照後，可以沿路返回起點九記士多繼續探索之旅。在九記士多沿着坪輋路或旁邊平行的小路向東走，就來到「珍記有機農場」。它是打鼓嶺和坪輋一帶最大的農場，佔地 7 萬呎，位於元下村。農田由種菜超過 40 年的珍姐打理。她自 2002 年開始轉種有機菜。農田種有蕉、菜心、生菜、白菜、小棠菜、羅馬生菜、紅菜頭、番薯、甘筍等時令菜，比起我們平常吃的入口菜更新鮮、安全。珍姐的菜可以經網上訂購，到東鐵沿線取菜。假如還有時間的話，也可以順道一遊平輋路另一面的雲泉仙館。

7_ 利用汽水罐造的裝飾，達至「升級再造」。

8_ 珍姐。

9_ 珍記農場。

10_ 坪輋壁畫村設有「家園聯盟導賞中心」，圖為當地居民咕姨為我們導賞。

11_ 藝術節、話劇經常在這裏的公共空間舉行。

12_ 雲泉仙館。

不說抗爭說共生

這裏曾經是反對「新界東北發展計劃」的抗爭之地。但是在這裏，看不到抗議的橫額，只有色彩繽紛、充滿童趣的壁畫。這裏沒有官商鄉黑、原居民和非原居民的二元對立，不同背景的村民經常在公共食堂一起煮食，閒話家常。非原居民、原居民、鄉事會主席可以一起欣賞舞火龍。皆因大家放下政治上的分歧，一起守護彼此認同和珍惜的價值──坪輋的傳統文化。

「新界東北發展計劃」的風波看似告一段落，然而坪輋被破壞的危機並未解除。預計 2018 年建成的蓮塘口岸需要建設道路，將會經過坪輋，以改善附近的交通網絡。屆時坪輋農田的生態環境很可能會受到破壞。

🚌 交通資訊

粉嶺港鐵站 C 出口乘 52K 小巴，在九記士多落車。

ⓘ 注意事項

· 可自行參觀，或參加打鼓嶺坪輋保衛家園聯盟舉辦的導賞團。

· 路有野狗，避免眼神接觸。

蠔殼田上看日落・沙橋村

哪裏是看日落的最佳地點？山頂？沙灘？你試過在一大片銀白色蠔殼田上看日落嗎？這次介紹的路線是由沙橋村走去豐樂圍。沿路都是濕地，可以看到紅樹林和候鳥。這條路線生態價值高之餘，還可以了解香港上世紀輝煌一時的養蠔業。去完沙橋村還可以去附近的尖鼻咀和豐樂圍，看看全港最大的方格魚塘。沿路大多是平路，可選擇在天水圍租單車，經流浮山再前往尖鼻咀。

養蠔業重鎮

大家可以在天水圍天慈商場的雄記單車堡租單車，經過天水圍外的單車徑到達流浮山道，經過流浮山牌坊後轉右，沿深灣路到達沙橋村。沙橋村曾經是養蠔業重鎮，位於元朗最西北的角落，屬后海灣沿岸範圍，可以遠眺深圳南山區。這裏是非原住民村，處於鹹淡水交界，最適合養蠔。

上世紀五十年代以前，沙橋村的村民和對岸的深圳養蠔家族一同合作養蠔。當蠔仔過了一個生長期以後，就很難再養肥，所以沙橋村的養蠔戶就會把蠔仔拖往深圳沙井裏養。那裏海水比較淡，蠔仔可以快點長大。然而，五十年代中港邊界設立後，兩地的合作就中斷了。到了六、七十年代，流浮山養蠔的居民高達千多戶，是蠔業的黃金時代。但自七十年代起，新界西北和深圳相繼城市化和工業化，大量污水排入后海灣，蠔田生產備受影響，養蠔業逐漸式微。今天，隨着養蠔戶退休、村民遷徙，昔日一大片的蠔田變成滿佈蠔殼的紅樹林濕地。

養蠔業雖已式微，但並不是沙橋村村民都不再養蠔。沙橋村下灣的陳祥記是村內碩果僅存的養蠔戶。陳祥記已在這裏開業逾 50 年，店主祥嫂的家族自宋代開始，世世代代養蠔。他們養蠔，製作蠔豉等工序完全是純天然製作，過程中不添加任何化學物質及防腐劑。他們堅持天然生曬金蠔，以保留蠔的鮮美。他們生產的蠔豉供應給全港各大海鮮酒家。一來到這裏的蠔灘，就能聞到陣陣蠔香，讓人垂涎三尺。

生態寶地——尖鼻咀

去了沙橋村之後，可以繼續沿深灣路去看看尖鼻咀和豐樂圍。尖鼻咀又名龜山，是米埔后海灣拉姆薩爾濕地的一部份。這一帶是全港最大、全國第六大的紅樹林地帶。尖鼻咀的鷺鳥林更被評為「具特殊科學價值地點」，是香港最高級別的生態保育範圍。每逢秋冬之際來到這裏，很有可能「野生捕獲」黑臉琵鷺呢！除了黑臉琵鷺，還有針尾鴨、琵嘴鴨、赤頸鴨、紅嘴鷗和白腰杓鷸等鳥類，最適合觀鳥人士到來。

1_ 在沙橋村的蠔殼田能遠眺深圳。
2_ 在銀白色的蠔殼田上看日落別有一番風味。
3_ 沙橋村的村屋。
4_ 陳祥記。
5_ 往尖鼻咀的路上常常能看到這樣的村屋。
6_ 陳祥記的漁船。

尖鼻咀曾是偷渡熱點。上世紀不少深圳村民經這裏游水偷渡至香港。因此這裏設立了「尖鼻咀警崗」，嚴打偷渡客及走私活動。原來的警崗附近有個尖鼻咀長堤，曾經開放給遊客參觀。長堤上可以看到米埔、深圳后海灣的風景。但為了防止偷渡客入境，長堤現已被列為禁區，但大家仍可到尖鼻咀警崗側的龜山上的唐夏寮觀景台俯瞰米埔和天水圍的景色。

生態知多點

紅樹林一般在熱帶及亞熱帶沿海地區出現，常受到潮水和淡水河流的沖洗。為鳥科動物、甲殼類動物和海洋動物提供食物、棲息、繁殖的生境。早期因為紅樹品種中的木欖含有大量單寧，可用作紅色染料，故名紅樹林。香港現時約有 170 處地區有紅樹林，主要分佈在西北地區，例如元朗、天水圍。除了新界西北，新界東北和大嶼山一帶也有較多紅樹林。

7_ 蠔殼上的紅
　　樹林。
8_ 濕地為鳥
　　類、魚類帶
　　來食物。幸
　　運的話，能
　　看到彈塗魚
　　的身影。
9_ 紅樹林。
10_ 在邊境路上
　　遠眺天水
　　圍。
11_ 近觀方格魚
　　塘。
12_ 天水圍的魚
　　塘。

豐樂圍——方格魚塘

經過尖鼻咀警崗後，沿着邊境路走，沿路的鐵絲網外就是邊境禁區以及拉姆薩爾濕地的範圍。再沿着水泥路走約 3 分鐘，於第二個路口右轉，就來到了豐樂圍。這裏有一格格的淡水魚塘，置身其中好像在走移動迷宮，真的要集中精神跟着地圖才能走出來。全港有差不多 900 個淡水魚塘，大部份遍佈新界西北。最為人熟悉的莫過於南生圍、大生圍。魚塘不但為我們提供新鮮食材，還吸引了不同種類的候鳥來覓食，豐富了香港的生態面貌。走出豐樂圍就是終點盛屋村，可以回去了。

消失中的生態寶地

比起 20 年前，香港的魚塘已經消失了一半。近年，南生圍、豐樂圍等魚塘面對地產商發展威脅，后海灣沿岸的濕地亦不時有人非法傾倒泥頭。大石、鋼根壓斷紅樹林，土地受到水泥的污染，候鳥亦痛失家園。我們的「後花園」究竟還要多消失幾個？

 交通資訊
在天水圍西鐵站搭 705 往天慈站，到天慈商場租單車開始行程。

注意事項
往尖鼻咀路上可能有野狗出沒，避免與野狗眼神接觸。

低碳路線地圖

https://goo.gl/vfqSYD

低碳路線資訊
西貢 → 鹽田梓碼頭 → 澄波學校 → 天主堂 →
玉帶橋 → 鹽田 → 碼頭 → 西貢
約 5 小時

鹽田梓環島遊

說起香港的郊外，很多人會立刻聯想起行山、露營等等活動，但其實本地也有很多老少咸宜的遠足路線，十分適合一家大細遊玩。鹽田梓，又名鹽田仔，是位於西貢的小島。不要看見「小島」二字，便覺得一定是個很偏僻的地方；其實鹽田梓交通十分方便，在西貢市中心乘坐街渡約 15 分鐘便可到達。街渡服務定期於碼頭開出，站頭更有套票出售，包括來回船票及島上展覽館的門券，令行程更划算。

鹽田梓歷史

鹽田梓的「梓」是鄉里的意思，不過由於客家鄉音與「仔」字相近，所以亦作「鹽田仔」。鹽田梓歷史悠久，於清初便有客家人開始在島上定居。當時島上居民以曬鹽為生，全盛時期有上千人在島上定居。不說不知道，鹽田梓是香港天主教的發源地之一，早在 1800 年代初期便有外國傳教士在島上宣教，全村均為天主教徒；因此島上建有教堂、修道院等設施，富有濃厚的宗教色彩。前後經歷十多代，後人陸續從小島遷往城市居住，有的更移民到英國，令鹽田梓荒廢數十年；直到 2010 年一批心繫鄉里的村民後代將小島活化，建設遊客設施、文化館和重新運作鹽田，更邀請義工逢週末到島上帶領導賞團，好讓這些在香港碩果僅存的簡樸生活文化得以保留和傳承。

對比長洲和南丫島這些深受香港人歡迎的小島，鹽田梓的遊人當然較少，週末來個輕鬆環島之旅散散心，最適合不過。島上有一條環島小徑，慢慢行的話其實個多小時便可以完成；當然途中花時間停下來，細心參觀教堂、文化館、看看自然風貌和鹽田的話，在小島待上半天，再到西貢市中心吃晚飯也是一個不錯的選擇。甫下街渡便是小徑的起點，不遠處便會見到島上村公所和唯一的士多。在這裏先吃過茶果或是即食麵補充能量後，再前行不久便會到達客家村落。

1_ 鹽田梓碼頭。

2_ 村內有不少已空置但仍然美麗的舊村屋。

3_ 前往鹽由梓的街渡。

4_ 澄波學校翻新後成為文物陳列室，供遊人參觀。

5_ 陳列室內擺放不少村落的文物。

6_ 天主堂的外觀。

傳統村落的文化價值

村落規模細小，內裏蘊藏的文化價值卻是舉足輕重，能媲美其他香港的文物徑。步入村落，大部份的小屋已經不再有人居住，唯獨兩棟建築物——澄波學校和大聖若瑟堂原汁原味保存供遊客參觀。澄波學校是以前島上村落唯一的學校，島上的大部份村民自然都是這學校的校友了。如今學校已不再辦學，卻化身成為文物展覽館。館內除了擺放不同的學校文物以外，還有關於島上的歷史以及舊時村民的生活，讓公眾可以了解香港還未發展成世界級城市以前，村民安居樂業、無拘無束的簡樸生活。至於澄波學校後面的大聖若瑟堂，可以說是鹽田梓最有名氣、最值得參觀的地方。教堂不只是象徵着這村的歷史，亦象徵着 1880 年代外國人開始到西貢傳教，然後發揚到香港各地的歷史。即使不是教徒，也可以在教堂內參觀偌大的禮堂，尋求片刻的心靈平靜。

自然風光

　　離開村落之後沿着小徑前行，便會開始步入自然間。走過林蔭小徑之後不需 30 分鐘，便會到達全島的最高點。在這裏的涼亭休息過後沿着小徑下降，很快便會到達鹽田梓的拍攝熱點——玉帶橋。玉帶橋連接鹽田梓及滘西洲，不過滘西洲雖是一個公眾哥爾夫球場，但玉帶橋連接的位置也是非請勿進，因此拍攝過後就建議大家乖乖回頭繼續在小島上的旅程。橋上沒有欄杆遮擋，也沒宏偉的裝飾建築；但就是一條這麼簡單的橋樑，象徵着鹽田梓村的簡約樸素。愛攝影的朋友可以在這裏配合橋的白、水的綠、天的藍，拍一些簡約風格的照片。

鹽田

　　回到小徑繼續往前走，不消一會就會在遠處看到島中央的鹽田和周邊的紅樹林。紅樹林的生境非常多樣化，這些近水生的植物品種可以淨化鹹淡交界的水，除去污染；樹林內潔淨的泥灘和水源提供良好的環境讓小動物生活。這裏的紅樹林孕育了香港六個獨特的物種，遊客有時間的話不妨在林邊蹲下，仔細欣賞這個微妙的生態系統。

　　行程的終點我們來到鹽田梓的主角：當然是鹽田啦！上文提及到村民從前以曬鹽為生，可是因為鹽業工業化而式微。近年義工回到這裏重新活化鹽田，將以前曬鹽的設施、工序原汁原味的重現眼前，好讓我們一睹最原始、最環保的曬鹽

生態知多點

值得一提的是，在小路旁邊不時會見到樟樹。這些樟樹看似平平無奇，但其實是村落的瑰寶呢！相傳這些樟樹都是村民刻意種下的：村裏每誕下一個女兒，他們就會在山後的風水林裏種下一棵樟樹，到女兒成人出嫁時，樟樹就會被砍掉，成為送給男家的嫁妝。由此可以知道，在舊時，這些樹木其實是十分貴重的珍品：樟樹可以用來做樟腦、做傢俬、做木盒，有着相當的實用價值。

減碳小知識——人類和自然的關係

以前人類和自然間的關係非常親近,他們尊重自然,因為確信自然界的每一樣東西都有它的價值。他們需要依賴自然界的東西,來幫助他們的日常生活,所以不會胡亂破壞環境;反觀現在的城市生活,可能大家已經習慣科技的方便、機械的功用,卻忘記了大自然帶給我們的功用和價值,甚至我們可能已經再不知道公園裏的樹種特性和功用、海裏的鹽是人類最原始的調味品。我們和自然間的關係變得疏離,可能會因此胡亂破壞環境;但如果我們可以改變一下對環境的態度,學會欣賞自然,我們的下一代便會有更快樂的生活。

此外,近年可持續發展的概念興起,其實除了要保護環境之外,亦提倡要平衡社會發展,保存和容納不同的文化和生活方式,達至一個和而不同多元化的社會。可是隨着城市發展,我們開始在市區的周邊大興土木,如果一些傳統文化和民間智慧,便要因此而消失的話,會是多麼可惜的事呢!在旅遊的時候,我們可以不只是拍攝美麗的照片、吃特別的東西這麼簡單;如果可以花一點心機了解當地的文化,或許我們也可以從中獲益,成就一個更有意義的旅程。

🚌 交通資訊

於西貢市中心小巴站附近的海旁上船。

① 注意事項

船期班次有可能會因應需求有所變動,請於去程時確定一下回程班次,以確保行程順利。

7_ 山徑由石屎鋪成,尚算平坦,適合一家大小步行。
8_ 從山頂遠望鄰島滘西洲的高爾夫球場。
9_ 島上種了不少樟樹。
10、11_ 紅樹林泥沼孕育不少生命,包括彈塗魚。
12_ 充滿鄉村風味的鹽田。
13_ 離開時回看位於半山的天主堂。
14_ 鹽田由義工運作,遊客可以嚐一下天然鹽粒的滋味呢!

工業。每逢週末鹽田都有義工帶領定時導賞,為大家介紹曬鹽的步驟和設施。首先將紅樹林的海水引到不同的池內,待上數星期水份蒸發後留下鹽晶,再經清潔後就可以包裝出售。雖然這樣的生產效率遠遠比不上製鹽工廠,但是這裏的鹽卻是環保的,也有西貢海水的味道。

低碳路線地圖

低碳路線資訊
青山禪院 → 青山 → 龍門居
約 4 小時

https://goo.gl/aexrSP

屯門青山一日遊

本來筆者只打算去「香港三尖」之一的屯門青山，怎知道「一入寺門深似海」，在青山禪院拍完照已經過了整個上午。這條路線特別推介給喜歡藝術、歷史、建築、文學的你。走完青山禪院，可以繼續到青山飽覽屯門景色，下山後還可以到「龍門居食街」嘗嘗香港特色小食。這個行程可以走一整天。

東晉古蹟

青山禪院創建於 1500 年前的東晉末年，原名「杯渡寺」。相傳五世紀南朝時，杯渡禪師喜歡坐着個大木杯雲遊四海。傳說他具有神力，有次途經青山，住在這裏的岩洞。後人為了紀念他，便在此地修建了杯渡寺。青山禪院是香港三大古寺之一，還是香港佛教發源地。直到二十世紀中期，全港約三成的出家人是由青山寺傳戒。青山禪院於 1985 年獲評為一級歷史建築。

名人打卡勝地

別以為這只是個普通的佛寺，古往今來，很多名人在這裏「打過卡」！1973 年的電影《龍爭虎鬥》，李小龍就是在青山寺裏和喬宏對話，和董瑋過招。每年有不少來自日本的李小龍影迷專程來此朝聖。這裏有「李小龍事蹟紀念徑」，不過對李小龍的介紹不多。除了李小龍以外，由黃子華主演的 TVB 劇《奸人堅》也在這裏取景。而青山禪院前的「香海名山」牌坊正是由前港督金文泰所題，是全港唯一一座由英國港督親自題字的牌坊。

　　七世紀時，達摩祖師就在屯門入關，相傳他也曾在山中的岩洞暫住。另外，相傳大文豪韓愈在 819 年亦到訪過屯門。有人說，山頂石碑「高山第一」四字就是他寫的，旁邊署名「退之」。但事實上「高山第一」四字是由錦田鄧氏的始祖鄧符協所臨摹。他的臨摹作品早已剝落，因此今天我們看到的字也不是鄧符協所寫。1919 年，曹受培命工人再次摹刻，放置在青山禪院內。

文青最愛

　　比起黃大仙，青山禪院就多了份「清新脫俗」的味道，除了是因為沒什麼人來之外，建築也多了一份古樸的美感。這裏的大雄寶殿已有一百年歷史。除了大雄寶殿，香海名山牌樓、地藏殿、山門和護法殿亦獲評為一級歷史建築。大雄寶殿旁邊就是青雲觀，是香港現存最早道場，供奉觀音、三帝、呂祖、王靈官、彌勒、朱立天君等。這裏的道觀和佛寺並排而立，反映出佛道共融的中國宗教特色。

1_ 大雄寶殿。供奉三尊佛像：釋迦牟尼佛像、阿彌陀佛像及藥師佛像。
2_ 「高山第一」四字是何人所寫？
3_ 不二法門。裏面是李小龍事蹟徑，不過資料不多，只有一塊介紹李小龍的牌。
4_ 這裏還有很多神話人物的雕塑，例如哪吒，雕塑精美，肅穆威嚴。
5_ 部份建築還有梵文和圓盤裝飾，置身其中就好像到了異國。
6_ 淨土何須掃，空門不用關。

「屯門」個名有段故

為什麼屯門叫「屯門」呢？原來屯門的名字和青山有關。屯門是一個夾在青山和九徑山之間的谷地，兩座山就好像門一樣，所以就叫「屯門」。另一個講法是，屯門曾是屯兵之地，所以叫「屯門」。在唐朝，外國人要經過這裏登岸，辦理入關手續。登上青山山頂，可以俯瞰屯門。青山是屯門的古稱，而青山以前亦名為「屯門山」。所以青山和屯門的關係真是密不可分。

青山

　　走完青山禪院，可以繼續登上青山。青山高 583 米，與釣魚翁山和蚺蛇尖合稱「香港三尖」。上山後半段的路較為陡峭，最好量力而為。青山古稱「杯渡山」。《新安縣志》載：「杯渡山在縣南四十里，高峻插天，原名羊坑山，又名聖山，南漢時封瑞應山。」那麼，「青山」這個名字是怎麼來呢？原來在 1918 年，森泉大師在這裏建寺，看到這裏的山多青松，所以以「青山」為寺廟命名。沿北走，可以到達青山腹地和青山操炮區，亦即大家熟悉的「大峽谷」。不過青山操炮區是軍事用地，不能隨便進入。

龍門居食街

回程可從沿路折返，經過聖彼得堂幼稚園後向右走，便來到了龍門輕鐵站，可以順道來堪稱「平價小食天堂」的龍門居食街。食街的小店多數由區內街坊經營。小食多元化，有講求創意、新奇的小食，例如全港首創的豆腐花奶茶和奶油芝士小丸子；也有標榜傳統手藝的小食，例如永留芳的「銅盤推」，這是海豐古老的豬腸粉，「銅盤推」是汕尾話，來到這裏，老闆會教你怎麼用汕尾話唸這三個字。除此之外，香港街頭小食風味的炸蠔餅也十分受歡迎。

不止小食的價錢平易近人，店主也很平易近人。漫步食街和附近的街市，不難發現街坊和食店店主閒話家常，十分有人情味。街坊説，原來這些食店通常是家庭式經營，老婆開店，老公在店內幫忙。也有哥哥在街的一邊開冰室，弟弟在街的另一邊開餅店。近年龍門居出現愈來愈多連鎖食肆，也許在幾年後，這些小店會慢慢被大快活、麥當勞所取締，又或許在幾年後，龍門居食街會變成歷史。

交通資訊
可於兆康站乘坐輕鐵 610、615 到屯門青雲站下車。香港專業教育學院屯門分校旁邊有前往青山古寺的指示牌，可根據指示牌沿車路登山，大約 20 分鐘就到青山寺。

注意事項
青山禪院開放時間：全年無休，每日 08:00-20:00 開放。

7_ 這裏可俯瞰屯門。
8_ 百年古樹。
9_ 青雲觀的龜。
10_ 海豐古老腸粉，配合惹味香辣醬，令筆者念念不忘。
11_ 豆腐花配合港式絲襪奶茶。豆腐花幼滑，奶茶香而不太濃。
12_ 小店一般由街坊經營。

低碳
路線
地圖

低碳路線資訊

嘉道理農場暨植物園 → 凌雲寺 → 上村公園 → 八鄉古廟

約 5 小時

https://goo.gl/Zzb73R

元朗大步走

郊遊不一定要爬山，香港郊區也有不少值得逛逛的地方。這次沿着林錦公路，來一趟元朗深度遊。

郊野農場

首先來到嘉道理農場暨植物園，這處是遠離塵囂欣賞動植物的絕佳之選。園地受私人機構管理，到訪前請留意開放時間和入園費。園地位於來往大埔與屯門間的林錦公路，早在五十年代建成，為當時迅速增加的新界農民開發農地、教授新式農業技術，提高他們的效率和收入。農場更送贈豬、牛給村民，協助他們發展畜牧業，大大提升當年鄉郊地區的生活水平。因此，嘉道理爵士被冠以「新界之父」的美稱。隨着香港農業發展式微，園地近年專注研究和保育工作。

尊重野生動物

對生物最基本的尊重是不要為一己私慾，把野生動物當成寵物飼養，因為牠們的生理需要並非家養方式能滿足。其次，香港大量野生動物居住在郊野，隨着城市化，人類和野生動物的距離愈來愈接近。我們在郊外遺下的垃圾，動物或會誤食而受傷害；我們走近拍攝動物時，或會嚇怕牠們。所以，外出郊遊應遵守「無痕山林」的原則。

生態知多點

「無痕山林」的概念由美國傳入，指引人類進行戶外活動時如何減低對自然的影響，在野外不留下任何痕跡，好像沒有去過一樣。我們享受大自然之美的同時，也有責任保存這份美態，使其生生不息。無痕山林有七大原則，其中一則是尊重野生動植物：不挑釁、不餵食、不污染生境和保持寧靜。

園地的動物從何而來？

嘉道理的野生動物拯救中心自 1994 年啟用至今，是香港唯一供給野生動物暫住和康復的地方。執法機構和非牟利組織致力拯救黑市走私、市民棄養、野外受傷、居住環境受破壞的野生動物，並交由中心的動物護理員照顧。動物康復後，大多回歸自然，重投正常生活。有些動物不適宜放回野外，則留在園地作教育用途。因此，大家探訪的小動物都有獨一無二的故事。牠們同時警惕人類應尊重野生動物。

嘉道理農場暨植物園面積大如 200 個足球場，若要細心欣賞，大概花上一整天才能走完。園地依山而建，大部份遊客設施和景點建於山下，而山上的範圍則由幾條生態徑和研究保育的實驗農場組成。農場種滿超過 1,000 種植物，有溫室裏的仙人掌、果樹，亦有位於山谷的原生林，給人置身亞馬遜森林的感覺。園內的溪流瀑布、石卵小徑，讓大家散散心過一個悠閒的週末。至於動物方面，園地包羅萬有：兩棲類動物、野豬、鳥類等。其中，懂得模仿人類說話的鸚鵡最為矚目，是名副其實的動物明星！

1_ 穿梭園內的林蔭小徑，呼吸一口新鮮空氣。
2_ 面積 148 公頃的嘉道理農場暨植物園，實際上橫跨元朗和大埔兩區。
3_ 遵守「無痕山林」的原則，讓珍貴的自然資源永續永生。
4_ 沿車路前往探訪其他野生動物。
5_ 於園內暫住的陸龜。
6_ 說秘密別讓鸚鵡聽到，否則牠們會一字不漏地將你的秘密公告天下！
7_ 溫室裏的仙人掌形態各異，讓人眼界大開。

到訪三大古剎

　　從園地到下一個景點，沿着建於公路旁的平坦石屎路步行，需時約 40 分鐘。兩旁種滿參天大樹白千層，形成樹蔭通道，甚為壯觀。走了約 30 分鐘後便會看到一個灰白色的門牌寫着「香港大學嘉道理研究所」。再走幾步，就看到墨綠外框配上紅字，寫有「凌雲寺」的牌額。沿着指示牌，經觀音徑多走 10 分鐘，即到達香港「三大古剎」之一的凌雲寺。不想走路的遊人可於嘉道農場站選乘 64K 巴士，在「凌雲寺」站下車。

　　凌雲寺歷史源遠流長，前身為凌雲靜室，建於明朝宣德年間，至今多達 600 年歷史。

凌雲靜室的建立與孝悌有關。相傳黃母的親子鄧鋗去世，令她傷痛欲絕。鄧鋗同父異母三兄弟不但對庶母細心照料，更為她興建靜室拜佛靜修，擺脫悲傷。靜室其後改建成佛寺，是香港唯一女眾叢林佛學院，主要推廣佛學，為大眾提供淨化心靈的活動。佛寺環境寧靜清幽，內有蓮花池和草地，強調與自然融和。

　　離開凌雲寺後，一直靠着右邊的人行道走，左右兩旁漸漸由樹木變成汽車維修場，10 分鐘後到達一個迴旋處，繼續靠右走，5 分鐘後便看到一排村屋。屋內設有茶餐廳和士多，讓大家停歇一下補充體力。吃飽了，越過錦田公路前往綠色欄杆的範圍，即上村公園。

8_ 公路兩旁的白千層形成樹蔭走廊。
9_ 「長征」過後，可以先到餐廳補充體力。
10_ 上村公園的入口。
11_ 踏入歷史悠久的凌雲寺，感受祥和與寧靜。

12_「擎天一柱」回歸紀念碑。

13_古廟旁的八鄉遊憩處，供遊人歇息。

14_經過多次翻新的八鄉古廟，外觀抹去殘舊的感覺，幸好內裏的古物完整地保存下來。

15_球場地面鋪滿了木棉花的花瓣。

16_古廟旁放置了龍獅，大家可於天后寶誕前來欣賞龍獅舞動。

17_細葉榕的板根，支撐着龐大的樹冠。

公園觀古樹

上村公園位處石崗上村，內有回歸紀念碑紀念香港 1997 年回歸中國。公園備有籃球場、七人足球場等運動場地，也有卵石徑和兒童遊樂設施。此外，大家可在公園一睹百年古樹的風采，尤其是細葉榕。它們的根部像豎起了一塊塊扁長的圍板，這種特別的根部稱為「板根」，在熱帶雨林最常見，用以穩固樹身。板根的出現，或許顯示公園的土壤不穩定，細葉榕生長更大的根部來支撐樹冠。球場旁長了一排雄壯的木棉樹，紅花盛開時想必十分壯麗。

拜訪古廟

沿着左邊的行人道，往金疊餐廳方向走 5 分鐘，便會到達寫有「八鄉古廟」的拱門。穿過村屋間的小路，到達一個小型公園，即八鄉遊憩處，隔壁就是八鄉古廟。古廟具 500 年歷史，為香港二級歷史建築，每逢齋期和誕日都有大批村民在廟外的空地享用盤菜。廟內的「王母祝壽」、「桃園結義」是珍貴的石灣陶瓷壁畫，但經多年信眾燒香而薰黑，有待專家清洗。

此外，廟中放置了兩大古物，包括同治五年製造的青銅大鐘，和光緒廿三年的香爐，距今超過 100 年歷史。八鄉古廟的偏廳是烈士祠，門頂刻有「萬世流芳」四字。1899 年，英國接管新界區，新界居民與英國殖民軍展開了為期六天的戰爭。當中一場石頭圍之戰在上村附近發生，為戰爭犧牲的鄉民名字刻在烈士芳名木匾上，供後世紀念和供奉。

林錦公路沿路的景點在香港的生態、農業、鄉村發展方面均擔當着十分重要的角色，走一趟想必能使大家對香港有更深入的認識，更熟悉我們的城市！

交通資訊

於港鐵大埔墟站或太和站，乘 64K 巴士，約 20 分鐘即到達嘉道理農場暨植物園正門。也可在錦上路港鐵站乘 64K 往大埔方向的巴士，約 15 分鐘到達園地。離開八鄉古廟則可在百成車行旁的巴士站，乘 251B 巴士到錦上路港鐵站。

注意事項

凌雲寺的開放時間為 08:00-17:00，寺廟內的寶殿則只有重要節日才對外開放。

大潭浮綠水

放假想親親大自然，又不想到太遠的地方？想輕輕鬆鬆行山？那不如看看這個與市區相近的世外桃源吧！由港鐵鰂魚涌站Ａ出口起步，沿柏架山道自然徑一直走到大潭水塘，只需 2.5 小時的路程。這路線不但方便，與市區相近，更是行山入門版，大多都是平坦的山路，絕對不會走到上氣不接下氣。去到路程的中段有涼亭可以休息，然後一直向大潭水塘的方向走一小時，便會到達碧綠連天的水塘了。

港島懶人天堂

大潭水塘位於港島區，在市區港鐵站外一條較隱蔽的山徑出發，便可以通向碧綠連天的世外桃源。港島區多外國人居住，所以除了本地居民外都有不少外國人登此山呢。筆者亦見不少人選擇跑步上山，跑得大汗淋漓再大口大口灌水，絕對是減壓的最佳活動。一直沿主徑走，沿途的指示牌十分清晰，就算是「路痴」都不用怕迷路，另外主徑周圍都有茂密的大樹，秋風送爽在樹蔭下行山實在是一種享受！

沿路風景

慢慢走上山，大概 15 分鐘後會看見「林邊樓」；這屋子又稱「紅屋」，被列為香港二級歷史建築。它前身是工廠的職員宿舍，直到現在已交由漁護署接手管理，並改建為林邊生物多樣性自然教育中心，開放予公眾參觀。屋內設有展館導賞、電影欣賞及教育工作坊等活動。之後繼續沿柏架山道自然徑走上山，累的話可以在中段稍作休息，附近有很多涼亭可以坐下乘涼，同時也可以遠眺香港島的城市景色。由高處遠眺香港的高樓大廈，樓宇就像是模型一樣，愈走愈高，身邊的大廈會漸漸變得遠小，看到的就會愈來愈多，像是把整個香港都收進眼簾，能見到整個港島東及九龍東景色。

樹蔭外的世外桃源

　　要留意整個大潭都沒有小食店，所以如果怕會走到肚餓就要自己帶食物了。附近都有不少燒烤場，在大潭除了呼吸到大自然的空氣外，亦會嗅到一陣陣燒烤的香味。大概走了一個多小時後就會到達一個大涼亭，這表示已經到達路程的中間，然後留意附近的指示牌一直走，走多一小時左右的路程便會到達大潭水塘。

　　走過充滿樹蔭的山路終於看見了湖水了！很多人來到這裏都會問：「咦……為什麼湖中的顏色與想像有點出入的？不是碧綠色的嗎？為什麼是泥黃色的……」別擔心，這時候繼續向前走就對，一直走就會開始看見碧綠色的湖水了！環山包圍大塘的都是碧綠的湖水，好難相信香港這片石屎森林居然會有這種世外桃源！

1＿ 起步位置。
2＿ 遠眺香港島景色。
3＿ 沿路徑走。
4＿ 影相好位置。
5＿ 路線圖。
6＿ 路牌。
7＿ 碧綠的湖水。

見證「樓下閂水喉」時代

大潭水塘見證着香港水務技術發展歷史上重要的一頁。六十年代的香港食水嚴重不足需要實行制水，為市民在生活上帶來很多不便，歌手許冠傑的「制水歌」其中一句歌詞也有曰「又制水今晚點沖涼，成晚要乾煎真撞鬼」。1863 年，香港第一個水塘薄扶林水塘落成，但供水量不足夠維多利亞城（即現今中環一帶）的居民使用，所以港府決定興建大潭上水塘。後來儲水量仍追不上使用的增長，加上香港八十年代初財政狀況得到改善，為解燃眉之急，便開始擴建水塘的範圍。故此大潭水塘可以視作一個總稱，其中包括大潭上水塘、大潭中水塘、大潭副水塘及大潭篤水塘。現在塘內 21 個項目都被列為香港法定的古蹟，可見其歷史價值。現在香港已經沒有缺水問題，新一代的香港人都再沒有聽過樓上大喊「樓下閂水喉」，制水的政策已成為香港難忘的集體回憶。

必影仙境清單

水塘碧綠的湖水當然吸引，但打卡位又怎會只有水塘而已。難得來到大潭又怎能錯過每個位置？一定要拍下大潭的每個角度。好像是宏偉又帶點英式味的堤壩，此壩建於港英時代，設計亦跟從了傳統的英式建築設計。另外還有石砌的古橋，石橋用花崗岩石砌成再加上藍天白雲，碧波連天，真是隨便「咔嚓」一按都能拍成一張張如明信片上的畫面。一些小溪間在陽光的反映下都顯得很清澈，很有大自然的感覺。當走入水塘，路經的大橋，像位於半空的山景之中，飽覽環山群抱的景色，亦實在是拍照的絕靚位置！遊走大潭時有沒有發現有點似曾相識的感覺？在螢光幕見過大潭的景色絕不出奇，不少電影、劇集、音樂短片都在大潭取景。亦有不少人會到大潭拍攝婚紗照，又有一些學生會穿著畢業袍來這裏拍下青春一刻，大潭實在是一個風光如畫的好地方。

筆者建議如果離開時已經日落可以選擇乘搭巴士離開，因為入夜後天色昏暗，走山路出去比較危險。於大潭郊野公園，搭巴士或小巴離開，便可以到達筲箕灣或者西灣河。

8_ 大堤壩。
9_ 無敵靚遠景。
10_ 遠瞭景色。
11_ 帶有點「仙氣」
　　的景色。
12_ 小溪澗。
13_ 一排排的小船。
14_ 小屋。

交通資訊
港鐵鰂魚涌站 A 出口

注意事項
要留意整個大潭都
沒有小食店，所以如
果怕肚餓就要自己
帶食物。

舊區登山看活化・嘉頓山

近年，嘉頓山成為炙手可熱的攝影點，吸引年輕一代到訪留影。大家登山賞景前，不妨先到鄰近的法院舊址，欣賞新古典建築風格。然後前往早期公共房屋美荷樓，感受老香港的屋邨情懷。離開嘉頓山，順道參觀賽馬會創意藝術中心，從石硤尾站離開。一趟旅程，見證三個各具特色的活化項目，絕對適合愛懷舊或學習歷史的朋友。

活化舊法院

從港鐵深水埗站啟程，前往兩座歷史建築物——美荷樓和薩凡納藝術設計大學。校舍是北九龍裁判法院的舊址，列為二級歷史建築。北九龍裁判法院建於1960年，樓高7層，由花崗石磚砌成。政府在2010年把莊嚴的法院活化成設計學院，保留新古典風格的建築元素。第四法庭改建成課室，囚室則改裝成辦公室，

鐵閘沒有拆毀。學院提供國際認可的藝術課程，週一至週五會定期舉辦免費古蹟導賞團，有興趣可致電預約。

香港第一代公共房屋

舊北九龍裁判法院旁邊，是另一座二級歷史建築——美荷樓。1953年，石硤尾木屋區發生大火，令上萬計的市民流離失所。政府翌年在石硤尾興建一批6至7層高的H型徙置大廈來安置災民，美荷樓是其中之一。這批大廈成了香港公共房屋的雛形和先驅。2007年，政府清拆石硤尾徙置大廈，並展開重建工程，唯獨保留了第41座美荷樓。及後，美荷樓外牆翻新，內裏改建成青年旅舍和生活館，於2013年正式開幕。各位年青朋友可以來到這裏認識一下上一輩的家居生活環境，上了年紀的也值得前來懷緬一番。

體驗老屋邨生活

設於地面和一樓的「美荷樓生活館」免費對外開放，每天提供一次免費導賞，需提早預約。生活館設有仿五六十年代徙置大廈內的居住環境，供大家一睹當年浴室、廚房、雜貨店的模樣。你能想像 300 多人共用一個廁所嗎？展覽讓年輕一輩親身感受徙置大廈的生活有多困苦。儘管場景是仿製的，內裏擺設的展品卻是真的家居用品，來自牛頭角下邨。除了多幅黑白歷史照片外，生活館還提供多段居民的口述歷史，讓大家了解香港最早期公共屋邨居民的草根生活。

冰室拾童趣

走到累了，大家可到訪旅館地下的懷舊冰室。冰室主要售賣西餐，但內部裝潢充滿老香港情懷。餐廳牆上寫着舊式「花碼」數字、展櫃裏的明星卡藏品，勾起無數珍貴回憶。冰室的角落放置了天下太平遊戲板、畫鬼腳遊戲給大家玩玩，重拾童趣。

嘉頓山簡史

參觀完畢後，可沿着美荷樓後方的晨運徑走，踏上 400 級樓梯登嘉頓山。嘉頓山原名是喃嘸山，是位於深水埗區的 90 米小山丘，其高度僅為香港最高峰大帽山的十分之一，喃嘸山之名或許跟西面的李鄭屋漢墓有關。至於嘉頓山則是居民的俗稱，因為山丘鄰近深水埗地標嘉頓麵包廠，因此得名。在啟德機場運作時，山上還建有飛機訊號燈塔呢！當時還設有行車徑上山，方便維修人員工作。1998 年後，啟德機場關閉，訊號塔也隨之而拆走。自此，嘉頓山成為深水埗居民的晨運徑，尤其受長者歡迎。

「貼地」看香港

走樓梯 10 分鐘後，便會到達嘉頓山最熱門的拍照地點。這裏是一個沒有安裝欄杆的石屎平台，視線不受任何阻擋，景觀開揚。站在此處可俯視深水埗和石硤尾區的唐樓，遠眺獅子山和昂船洲大橋。一座座舊式唐樓如火柴盒般整齊排列，後方豎起俗稱「牙籤樓」的單棟式樓宇。中間的車路一直延伸往海旁，像摩西分紅海，道路把樓宇分開兩邊。即使景色迷人，拍照時切忌站得太近崖邊，因為邊緣沒有安裝欄杆。

有人說，太平山頂只是向旅客展示香港最繁華、最摩登的一面，甚為「離地」。登上嘉頓山才能「貼地」近觀香港樸實平凡的街景，體會港人獅子山下艱苦奮鬥的精神。隨着市區重建計劃進展得如火如荼，眼前矮小的唐樓也許在數年間換成新式高樓大廈。這番平民風景可以維持多久呢？

非官方公共空間

繼續拾級而上，可見標高柱，即嘉頓山海拔 90 米的頂點。山頂是一塊綠樹林蔭包圍的平地，因為樹枝遮擋着景色，攝影愛好者不常在此逗留。反而在此處停歇的，多是深水埗和石硤尾的街坊。山頂有一個涼亭和街坊自設的椅子；這片空地既沒有康文署的完善配套，也沒有告示牌規管進行什麼活動。市民無拘無束——有的遛狗、有的踩滑板，是真正屬於港人的公共空間。

翻新石硤尾工廈

下山後，沿着美荷樓旁的巴域街走至大埔道白田街遊樂場，然後左轉入白田街直走，便抵達一幢湖水綠色的大廈。牆上左側以舊式字型豎寫了「石硤尾工廠大廈」，下方幾個橫寫的小字則是「JCCAC 賽馬會創意藝術中心」。這所藝術中心顯然是由舊工廠大廈改建而成，於六、七十年代時主要作家庭式輕工業的工場。工廠大廈除了外牆翻新外，仍保留着內部結構和建築特色，也展示了當時工人使用的機器。

閒逛藝術村

藝術中心於 2008 年開幕，以非牟利形式運作，旨在推動香港藝術發展。中心提供價格相宜的場地給140 個藝術團體進行創作、排練等。此外，中心長期開放予公眾自由參觀，逛逛不同樓層的工作室，感受濃厚的藝術氣氛。一些藝術家開放工作室或展覽廳給大眾參觀，有些提供美術創作課程，特別如窯燒玻璃器皿也有。此外，中心定期舉辦多元化的公眾活動，如手作市集、電影分享會，詳情留意中心的網站。若你願意掏荷包，可以到地下的咖啡室坐坐，或到創意工藝店支持本地設計商品。

活化還是清拆？

這次行程遊走三個活化項目，前兩者屬私人機構，後者則為非牟利團體。共通點是三者皆以各種形式引入公眾參與，讓民眾重溫香港歷史。與其把舊建築清拆，建築私人樓宇圖利，倒不如活化更多具歷史價值的地方。這樣既可以帶來商機，也可延續香港故事，達至互利共贏的局面。

8_ 前排是整齊排列的舊式唐樓，後有牙籤樓和屏風樓，可見新舊交替。

9_ 中間的車路把樓宇分開兩邊。

10_ 遠眺樓宇後方的昂船洲大橋，右下角是薩凡納藝術設計大學的屋頂。

11_ 湖水綠色外牆的工廠大廈。

12_ 工廠大廈的結構和建築特色完整保留。

13_ 瓷器工作室門外的特色設計。

14_ 油畫藝術團體的公眾展覽。

15_ 賽馬會創意藝術中心的正門。

🚌 交通資訊

從港鐵深水埗站 D2 出口啟程，沿桂林街步行 10 分鐘至大埔道美荷樓。離開賽馬會創意藝術中心時，轉入白田街旁的小路到偉智街直走，便到達石硤尾站 C 出口。

ⓘ 注意事項

美荷樓、薩凡納藝術設計大學和賽馬會創意藝術中心皆提供免費公眾導賞團，有興趣者可瀏覽中心網頁或致電查詢。

低碳。好行

作者
V'air 低碳本地遊

編輯
林榮生

美術設計
陳玉菁

出版者
萬里機構·萬里書店
香港鰂魚涌英皇道 1065 號東達中心 1305 室
電話：2564 7511　　傳真：2565 5539
網址：http://www.wanlibk.com
　　　http://www.facebook.com/wanlibk

發行者
香港聯合書刊物流有限公司
香港新界大埔汀麗路 36 號中華商務印刷大廈 3 字樓
電話：2150 2100　　傳真：2407 3062
電郵：info@suplogistics.com.hk

承印者
中華商務彩色印刷有限公司
香港新界大埔汀麗路 36 號

出版日期
二零一七年十月第一次印刷

萬里機構　　萬里 Facebook